人文名家 评传
Critical Lives

约翰·凯奇
John Cage

凯奇评传

（美）罗布·哈斯金斯 著

李静滢 译

John
Cage
ROB HASKINS

漓江出版社

桂 林

John Cage by Rob Haskins was first published by Reaktion Books in the Critical Lives Series, London, UK, 2012

Copyright © Rob Haskins 2012

Simplified Chinese Edition © 2015 Lijiang Publishing Ltd.

著作权合同登记号桂图登字:20-2013-267 号

图书在版编目(CIP)数据

凯奇评传/(美)罗布·哈斯金斯 著;李静滢 译.—桂林:漓江出版社,2015.3
(人文名家评传)
书名原文:John Cage
ISBN 978-7-5407-7423-3

Ⅰ.①凯… Ⅱ.①哈… ②李… Ⅲ.①凯奇,J.(1912~1992)-评传
Ⅳ.①K837.125.76

中国版本图书馆 CIP 数据核字(2015)第 003008 号

出版统筹:吴晓妮
责任编辑:周向荣
封面设计:居　居

出版人:郑纳新
漓江出版社有限公司出版发行
广西桂林市南环路 22 号　邮政编码:541002
网址:http://www.lijiangbook.com
全国新华书店经销
销售热线:021-55087201-833

北京市通州区宋庄镇六合村西甲 1 号
(北京国彩印刷有限公司　邮编 101118)
开本:880mm×1 230mm　1/32
印张:7　字数:130 千字
2015 年 3 月第 1 版　2015 年 3 月第 1 次印刷
定价:30.00 元

如发现印装质量问题,影响阅读,请与承印单位联系调换。
(电话:010-69599001)

致劳拉·库恩

并纪念梅尔塞·坎宁安

目录 *Contents*

1 | 序曲

12 | 第一章
　　成长

32 | 第二章
　　无畏

56 | 第三章
　　独立

87 | 第四章
　　卓著

121 | 第五章
　　泰斗

155 | 第六章
　　别离

184 | 曲终

194 | 参考文献

204 | 凯奇唱片目录选

207 | 致谢

序　曲

2002 年 9 月,一场匪夷所思的侵权案以庭外和解的方式悄然告终。在这场音乐版权之争中,音乐出版商彼得斯公司声称,英国作曲家、制作人迈克·巴特在专辑《古典涂鸦》(*Classical Graffiti*)里剽窃了约翰·凯奇的音乐。为了避免诉讼,巴特给予了凯奇的出版商相应的赔偿,具体数目不详,但是据说达到了六位数。引起争议的是哪部作品呢？正是《4 分 33 秒》(1952)。它要求演奏者在演奏时不奏出任何声响。[1]

《4 分 33 秒》是凯奇最著名的乐曲,然而其中并没有凯奇创作出的声音,有的只是演奏这部无声乐曲时自然响起的杂音。这些声音在演出现场无处不在、无时不有:吱吱嘎嘎的椅子声、咳嗽声、低语声、风声(或许是暖风机或空调的声音)……有时还会有愤怒的观众发出的声音,因为这部凯奇所谓的"我的无声作品"在第一次演出时让很多观众怒不可遏。有些人在第一次听过这部作品后认为,似乎凯奇只想把这首曲子当成一个华丽的玩笑,属于达达主义或是荒谬至极的概念艺术。还有很多人写了长篇大论来探究这首曲子可能包含的各种含义。[2]

从凯奇早年的作曲生涯中，丝毫看不出他会在《4 分 33 秒》以及之后的大部分音乐作品中进行如此极致的探索。年轻时的凯奇是打击乐的开拓者。在节奏的重要性有时似乎胜过其他所有音乐元素的年代，凯奇对该艺术形式的钟爱在当今的音乐界仍然是显而易见的——他在这方面具有天分，留下了奇异新颖的乐曲。凯奇也对电子音乐和不同寻常的新型乐器怀有浓厚兴趣，其中最有名的是所谓的"加料钢琴"，也就是在三角钢琴的周围和琴弦间插入螺栓、螺钉、橡胶楔子等材料。

凯奇试图通过作品表达的情感得不到批评家的理解，这让他感到失落沮丧。他开始相信，自我表达还不能为音乐创作提供充分的理由。20 世纪 40 年代中期，一位名叫吉塔·萨拉伯海（Gita Sarabhai）的女子让凯奇接触到了印度哲学和美学，从而使他发现了另一条道路："让头脑冷静，让心灵安宁，使之易于受到神的影响。"[3] 几年后，凯奇开始专注于佛教禅宗。禅宗相信，常怀同情心、不加主观判断地接受生活，乃是顿悟之源。

20 世纪 50 年代初期，凯奇对音乐和作曲家在社会中的作用有了新的认识，这让他在作曲中舍弃了自己的好恶，希望声音只是因为声音本身而被人们喜爱，而不是因为作曲家运用声音表达个性或展示天赋的方式。通过他所说的"随机操作"（chance operation），凯奇确立了一种新的作曲方式。他解释道，他的做法已经从进行选择变成了提出问题；他相信，只要决定去做，谁都可以完成他正在做的事；他还非常肯定地认为，他的音乐将会让人们有机会享受声音本身，欣赏日常生活的复杂、无常乃至温和朴实之美。

凯奇的观点并非无可指摘。他所说的偶然和不确定的音乐之中，仍然掺杂了他自身大量的感受和审美直觉；由于通过随机操作进行创作非常复杂又耗费时间，人们难以将其付诸实践，就连凯奇自己也不例外；这种音乐引发了诸多反响，其中很多让凯奇都无法认同，甚或出乎他的预料。

很长一段时间里——这段时间未免太长了——对凯奇作品的一种典型评价将他塑造成了卓越的哲学家：他提出了突破性的艺术理论，对不同流派的艺术家和艺术的发展产生了极大影响，但他自己的艺术从未与其理论匹配。幸运的是，如今很多作者已经澄清了凯奇的方法，很多音乐家、演奏者和唱片公司都出色地演绎了凯奇在运用随机法之前和之后创作的作品，尽可能以最佳方式说明了这些乐曲本身就是成功的音乐佳作。[4]

凯奇一生扮演过多重角色：先锋派复兴的鼓吹者、美食烹饪师、社会评论家、菌类专家。除了不计其数的乐曲外，他还创作了大量独特的视觉艺术和文学作品，其中很多都是借助随机操作完成的。悖论的是，凯奇完成的每部作品都具有一种难以模仿的特色，明确无误地昭示着创作者的身份。譬如下一页展示的凯奇晚期文本创作的节选，其来源包括了对其他创作者的大量借用。

《10块石头》也是个很好的例子，这是玛西娅·巴托洛梅（Marcia Bartholme）从1989年开始用凹版腐蚀法印在熏烟纸上的20幅画，由冠点画廊（Crown Point Press）制作出版。凯奇在这个工作室进行了大量的视觉艺术创作。他按照石头滚动的踪迹,用刷子描绘出一个个环形;描图的位置是随机确定的,颜色的选择和石头的数量也是一样。然而,石头滚动的踪迹和熏烟纸最初的图案之间奇妙的均衡结构和相互辉映的色彩,与那些完全根据创作意图绘制出的作品具有同样的艺术感染力。总的来说,凯奇的创造性作品的感召力,代表着动荡时期里对20世纪艺术的最非凡贡献。

<pre>
         equally loud and in the same temPo
                          criticizEd south
                        leadeR
                     south aFrica's
                       bits Of a piece of music to have
                      duRing the reading
                a direction Might not
                   thAt
                     the readiNg about that you would just have to say you
like this the first time and like this the seCond without
                      any influEnce'
equally loud and in the same temPo only
                  what is thE
                it' well Read or
                    not oF the greatest
                 which sOmeone
                     impoRtance but isn' t understanding shewn e.g.in
                  a coMposer
              to progrAmme music
                  as loNg as
        taken differently eaCh
                    playEd
equally loud and in the same temPo only
                   wEll
                   thRough experience it can never renew' 5
</pre>

同样的音量同样的速度

批评南方的

领导者

南非的

一篇乐曲七零八碎的部分具有

在阅读期间

一个方向可能不会

指

阅读关于你会不得不说你

第一次喜欢这个以及第二次喜欢这个,没有

任何影响'

仅仅是同样的音量同样的速度

什么是

它'读起来好,或者

不属于最为

某人

重要的,但是并没有理解,例如展现在,

一个作曲家

编写乐曲

直到

每个都被不同对待

演奏

仅仅是同样的音量,同样的速度

出色

通过它永远无法更新的经验’①

凯奇的一生多姿多彩,涉足诸多领域,而他的作品所引发的批评性和创造性的回应,同样也塑造出了凯奇多面化的形象,呈现出互不相容的评价,展示出了他激发创造力的各种方法。

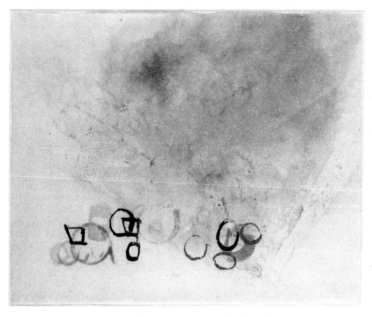

约翰·凯奇,《10 块石头》(1989),20 开(46×59cm)熏烟纸上的凹版腐蚀画,由玛西娅·巴托洛梅在冠点画廊印制

---

① 在凯奇这篇类似于阿波利奈尔的图形诗的文字作品中,作为轴心的大写字母拼成了 PERFORMNCE(表演)一词,重复出现。中译无法体现这一点,只能从字面译出大意。参见后文关于嵌字诗的论述。编注。本书脚注均为译、编者注。

在人们的描绘中,凯奇成了一位缺乏幽默感的科学怪人,每天待在"极端现代主义"的实验室中;一位独树一帜的艺术家,改变了把艺术家与听众、艺术与自然区分开来的常规看法,从而拓宽了艺术实践的领域;一位长辈般慈祥的大师,他的理念促成了美学观念的转变,由此产生了糅合各种元素的流行电子乐。[6]

　　本书旨在简明严谨地向读者呈现凯奇的生平和创作生涯,因此,并不会巨细无遗地描绘凯奇生活中的事件。凯奇一生创作了三百多部作品,本书提及的只是一小部分。书中的叙述主要借鉴了过去二十年间的一些重要学术成果,其中有很多最初刊登在专业期刊或其他专著选集中。这些材料不易获取,且其原本的目标读者也主要是那些已经非常了解大量二手文献的人。其中最有价值的参考资料有力地澄清了凯奇的音乐、艺术和信念,而非将其神秘化。这里只举三个典型例子:利塔·E.米勒(Leta E. Miller)展示了凯奇在西雅图的同事和环境对其作品的影响程度;大卫·帕特森(David Patterson)认真追溯了凯奇借用他人观点并将之按照自己的美学目标进行重塑的多重过程;詹姆斯·普里切特(James Pritchett)详尽、独到且准确地剖析了凯奇随机创作音乐的方法。[7]对凯奇的创作生涯不可能盖棺定论,时至今日,各行各业背景各异的人们仍然会受到凯奇的启发,因他而感到愉悦或困惑。因此,不把凯奇神秘化,才能帮助我们完善对他的认识。

　　对凯奇来说写自传不会有什么困难。多年来凯奇的文字频频出现于各种图书和其他出版物中，用他自己的话语为其艺术作品的诠释提供了丰富素材。尽管凯奇不是专业的历史学家，但他的文字一向充满新意且引人入胜；我在本书中选取的材料会让人发现，他的关注焦点和整体观念曾经频生变化。从某种程度上看，他的文字与本书侧重严谨的历史考证并不协调，既非史实记录也非回忆录，而是介于二者之间的另一种独特的文学形式。

我尝试着尽我所能来描绘凯奇在艺术、音乐和文学领域的创作，以及他是如何完成那些作品的，并尽可能解释我对此的感悟。我曾充当凯奇音乐会上的演奏者和听众，这份记忆和经历从诸多方面影响了我对凯奇作品的理解。1992年，就在凯奇去世后不久，我开始和劳雷尔·卡利克·希恩（Laurel Karlik Sheehan）为一场音乐会排练凯奇的双钢琴作品《2^2》（Two^2，1989），希恩是位钢琴家，曾与杰克·贝伦斯（Jack Behrens）一起举行了这部作品的加拿大首演。在排练时，这部乐曲的美妙和弦让我震撼，很多和弦之后又重复了三次或四次，这更让我震惊。（那之前我一直以为偶然音乐毫无结构可言。）

后来我现场聆听了《1^{10}》（1992）的小提琴独奏首演，那是1993年4月4日，在古彻学院（Goucher College）。凯奇这部不同寻常的作品是与米内科·格里默（Mineko Grimmer）的奇异雕塑的安置互相配合完成的。格里默的雕塑是从屋顶倒悬而下的倒金字塔形冰块，她在冰块上面镶入卵石，在下方准备了一滩水，并在水和冰块间连上了一根铜线。冰融化时卵石就会落下来。有时卵石会打到铜线上，发出短促的声音。但是更多的时候卵石不会打到铜线，能听到的只有它们落入水中的声音。

整部作品的时长是24分钟，小提琴声也持续了24分钟，其中只有长时间的和声。这与我听过的所有西方古典乐曲都不同，但是却产生了非同寻常的效果。我的思绪渐渐变得平静，几乎忘记了一切。把一段时间视为动态实体带来的体验渐渐淡去，我不再意识到时间的流逝。这部乐曲的首次登场，让人有可能跃出常规的感知模式，进入另一种意识状态。

一言以蔽之，在凯奇转向随机创作之前以及之后，他的音乐都让我深受触动。这样说时我丝毫不感到勉强，尽管我也承认，我无法充分描述出他的音乐带给我的感受。我相信，凯奇的音乐让我再次坚定了自己的信念：在传统和创新之间的长久交流，是艺术体验的固有特性。因此，我或许比谁都期待这本书能让人们更加关注凯奇的音乐之声，尽管我在书中也肯定了他在文学和视觉艺术上的重大成就。而且我也进一步希望，这种关注有助于改变我们的印象，让我们不再认为当下这个时代恒存的只有不可救药的嘲讽和怀疑。

注　释

1　参考《作曲家为沉默的篇章付出》(*Composer Pays for Piece of Silence*)，CNN在线，http://articles.cnn.com/2002-09-23/entertainment/uk.silence_1_peters-edition-nicholas-riddle-john-cage-trust?_s=PM:SHOWBIZ(2011年5月26日刊登)。

2　两个最近的例子，参考凯尔·甘恩(Kyle Gann)，《没有什么沉默：约翰·凯奇的〈4 分 33 秒〉》(*No Such Thing as Silence*：*John Cage's '4'33"'*，New Haven，CT，2010)；詹姆斯·普里切特，《沉默教会了约翰·凯奇什么：〈4 分 33 秒〉的故事》(*What Silence Taught John Cage*：*The Story of '4'33"'*)，载《沉默的无政府状态：约翰·凯奇和实验艺术》(*The Anarchy of Silence*：*John Cage and Experimental Art*，Barcelona，2009)，第 166-177 页。

3　引自约翰·凯奇，《沉默》(*Silence*：*Lectures and Writings*，Middletown，CT，1961)，第 158 页。

4　詹姆斯·普里切特的《约翰·凯奇的音乐》(*The Music of John Cage*，Cambridge，1993)仍然是不可或缺的资料来源。关于录音的近期调查参考罗布·哈斯金斯(Rob Haskins)，《约翰·凯奇和录制的声音：一篇音乐唱片类别的文章》(*John Cage and Recorded Sound*：*A Discographical Essay*)，载《注释：音乐图书馆协会期刊》(*Notes*：*The Journal of the Music Library Association*)，LXVII/2 (2010)，第 382-409 页；同时参考该卷中所选的录音作品目录。

5　约翰·凯奇，《I-VI：方法结构意图约束记谱不确定性互相渗透模仿献身情境变量结构不理解偶发事件不连贯性演奏》(*I-VI*：*Method StructureIntentionDisciplineNotationIndeterminacyInterpenetrationImitationDevotionCircumstancesVariableStructureNonunderstandingContingencyInconsistencyPerformance*，Cambridge，MA，1990)，第 258 页。

6　理查德·塔鲁斯金(Richard Taruskin)，《音乐的危险和其他反乌托邦随笔》(*The Danger of Music and Other Anti-Utopian Essays*，Berkeley，CA，2009)，第 261-279 页；琼·雷塔莱科(Joan Retallack)，《诗意的赌注》(*The Poethical Wager*，Berkeley，CA，2003)；大卫·卡特(David Carter)，《表面的噪音：电子音乐的凯奇式方法》(*Surface Noise*：*A Cageian Approach to Electronica*)，载《流行音乐在

线》(*Popular Music Online*), 1 (2009), www. popular-musicology-online. com/issues/01/carter-01. html (2011 年 3 月 22 日刊登)。

7　利塔·E. 米勒,《文化交会:约翰·凯奇在西雅图,1938–1940 年》(*Cultural Intersections:John Cage in Seattle*,1938–1940),收录于大卫·帕特森编,《约翰·凯奇:音乐,哲学和意图,1933–1950》(*John Cage:Music, Philosophy, and Intention*, 1933–1950, New York, 2002),第 47–82 页;大卫·帕特森,《评价流行语,约 1942 年至 1959 年:约翰·凯奇源自亚洲的修辞和黑山学院的历史记录》(*Appraising the Catchwords, c.* 1942–1959:*John Cage's Asian-Derived Rhetoric and the Historical Reference of Black Mountain College*),博士论文,哥伦比亚大学,1996;詹姆斯·普里切特,《理解约翰·凯奇的偶然音乐:一种分析解读》(*Understanding John Cage's Chance Music:An Analytical Approach*),收录于理查德·弗莱明(Richard Fleming),威廉·达克沃思(William Duckworth)编,《75 岁的约翰·凯奇》(*John Cage at Seventy-Five*,Lewisburg, PA, 1989),第 249–261 页。

第一章

成 长

    1912 年是欧洲古典音乐史的幸运年。那一年,克劳德·德彪西完成了芭蕾舞剧《游戏》(*Jeux*) 的创作,该剧 1913 年由俄罗斯佳吉列夫芭蕾舞团首次演出。德彪西几乎全凭一己之力把巴黎重新塑造成了新时代音乐的重要基地。俄罗斯人伊戈尔·斯特拉文斯基那年也在巴黎,他曾创作出震惊巴黎艺术界的芭蕾舞剧《火鸟》和《彼得鲁什卡》。他那时正在谱写第三部芭蕾舞剧《春之祭》。这部舞剧具有强烈的节奏、不协调的和声以及不连贯的形式,这些不久将有助于他跻身卓越的现代派作曲家之列。在柏林,阿诺德·勋伯格进行了表现主义杰作《月迷彼埃罗》的首演,把卡巴莱表演和硬金属风格的复调音乐怪异地结合在一起,获得了大批观众的赏识和共鸣。此后该作品继续在欧洲巡演并颇受好评。

    美国的情况与此相反,19 世纪的欧洲传统仍然主导着美国音乐界。实际上,许多美国作曲家已经在德国追随约瑟夫·莱茵贝格尔（Joseph Rheinberger）或汉斯·普菲茨纳（Hans Pfitzner）等人，完成了专业训练。他们回国后仍然恪守在德国学到的曲式和表达方式。也有些人，例如亚瑟·法韦尔（Arthur Farwell），会把在国外学到的东西运用到美国本土文化的声音和风格表现中。法韦尔先是把作品设定为欧洲风格，然后以更为朴实的声音和节奏来凸显他们与欧洲传统的距离。即使如此，法韦尔和他的"印第安伙伴们"还是要依附并利用美国本土文化，当然他们的本意是好的。这样的异域风格最终难以维系。在20世纪的前二十年里，最出色的美国作曲家查尔斯·艾夫斯（Charles Ives）尽管谱写了大量音乐作品，但是一直默默无闻。他以保险业为谋生手段，闲暇时才进行音乐创作，直到20世纪20年代末及30年代，他的作品才广为人知。

如果说所谓的美国艺术音乐在很大程度上处于欧洲的影响下，那么这个国家本身倒是在20世纪的前十年向前跨了一大步。这个进步的年代见证了美国成为有影响力的世界强国的历程。此后美国开始直面一系列社会问题，其中包括女性和童工的工作环境、"基本生活工资"和女性的投票选举权问题。在那个年代，专家们把注意力投向了优化产业上。福特主义（Fordism）使得工人可以使用他们的产品，同时把那些工人转化为被剥夺了权利的"齿轮"，使之籍籍无名地在血、肉、肌腱和骨头组成的巨型结构中各自卖命。泰勒主义（Taylorism）则创造了一个无害的中层管理者网络，那些中层管理者与下级员工疏离，同时自己又遭到上层管理者的疏离。这些方法也越来越多地被政府应用，所有这一切使美国成长为一个运作更加有效、经济更加繁荣的国家，但是很多人却由此失去了作为人的存在感。只有到了第一次世界大战时，美国滞后的参战才让这个国家形成了一种由基本的道德和民主观念激发出的社会团结意识。

凯奇的故乡加利福尼亚州深受这一特定历史时期的影响，但是加利福尼亚与位于另一边的美国政治权力中心相距大约三千英里，二者的条件截然不同。加州面积广阔，差不多是英国的两倍，人口也因此呈现出多样化的格局。大量移民——特别是亚洲移民——为这个地方带来了更大的文化张力。加利福尼亚南邻墨西哥，也生活着很多讲西班牙语的人，因此加州的居民在墨西哥革命之前就已经意识到了迪亚兹（Diáz）统治下存在的社会不公。20世纪的前十年，在洛杉矶活跃着若干位著名

约翰·米尔顿·凯奇，20世纪30年代末或40年代

14

的墨西哥革命者,他们得到了社会主义者和无政府主义者的支持。总的来说加利福尼亚政治腐败,在联邦利益的问题上,支持派和反对派之间的纠葛旷日持久。[1] 在这种环境里,个人的声音影响甚微,没有一个人可以表明自己的行动方案是正确的。

1912 年 9 月 5 日,凯奇在洛杉矶出生时,外部环境正是矛盾重重。当时这座加利福尼亚南部城市的名气和影响力已经开始与旧金山比肩。[2] 矛盾重重的状况甚至可以追溯到凯奇的父母和祖辈。凯奇的父亲约翰·米尔顿·凯奇(John Milton Cage)是一位自由发明家,乐观开朗,思绪有些天马行空,也有些漫不经心;这位父亲既具有发明家的探究精神,又具有对思想表述的怀疑精神。(他曾在一篇文章中论述说,爱因斯坦的理论完全可以用一种比爱因斯坦的叙述简洁得多的方式来阐发。[3])凯奇的祖父是一名牧师,在丹佛建起了第一所卫理公会主教派教堂,他将约翰·米尔顿视为家中的害群之马。

凯奇的母亲柳克丽霞·哈维·凯奇(Lucretia Harvey Cage,昵称"克里特")是个谜一样的人。作为一名思想独立的女人,她经常因为丈夫对待生活态度随意而感到恼怒。不过,尽管她骨子里原本就有波希米亚式的玩世不恭(之前她结过两次婚),在她身上,最终还是坚定信仰新教的家庭背景的影响占了上风,而这种坚定的宗教信念后来传承到了凯奇身上。克里特从事过不同工作,包括担任反联邦的《洛杉矶时报》女性俱乐部专栏编辑;她是一个全国女性团体的成员,该团体在美国大大小小的各类文化机构中扮演领导者的角色。[4]

柳克丽霞·哈维·凯奇
("克里特"),约 1925 年

　　凯奇是在加利福尼亚长大的,不过他和家人曾在密歇根和安大略住了四年,当时他父亲因为战争原因在密歇根州的安娜堡(Ann Arbor)工作。凯奇和克里特的亲戚住在一起,那是个大家庭,包括克里特的母亲和姐姐一家。凯奇的外祖母给他留下的印象格外深刻,凯奇甚至给她起了个绰号叫明尼哈哈(Minnehaha),因为她乌黑的长发让他想到了明尼哈哈瀑布。凯奇的外祖母笃信基督教,经常让凯奇和她一起虔诚地读《圣经》。有一次,凯奇在外祖母睡觉时蹑手蹑脚地溜进屋里拿一份手稿,原本她的鼾声响彻房间,就像收音机在以最大音量进行布道,却突然惊醒并问道:"约翰,你准备好迎接主的第二次降临了吗?"[5]

如此严格的基督教基本信仰的灌输，通常都会让小孩子形成较强的道德意识并遵循严苛的生活方式，从而不同于其他同龄人。正因如此，再加上其他一些因素，年少的凯奇敏锐地感到自己与他人不同。他是个早熟的孩子，十五岁就从高中毕业了。早年的照片显示出他是个颇为俊俏的男孩，对小动物总是很温柔，看上去或许还有几分柔弱。凯奇身边的人肯定也会认为他很柔弱，童年时周围的小孩会无情地欺负他，嘲笑他，说他是小娘娘腔，甚至会动手打他。而凯奇这个孤独的孩子相信和平主义，并且深受笃信基督教的家人的影响，对于欺负他的人仍然宽容友好。[6]

面对烦扰和孤独，凯奇变得内敛自省。他身边没有能帮助、

约翰·凯奇，约 1918 年

指引他成长的同龄人和朋友,但是,他通过独自寻求发现了自我。凯奇回忆说,小时候,他每天都被带到海滩上玩,会在沙滩上按照自己构思出的复杂路线滚动皮球。但是他从未提到过有和他一起玩的同伴。[7]他读了很多书,并且很快就在音乐中找到了慰藉。在 20 世纪早期,很多美国家庭都有钢琴,凯奇从 1920 年开始弹钢琴,他的姨妈菲比·詹姆斯(Phoebe James)充当了他的老师。菲比偏爱 19 世纪中产阶级的沙龙音乐,因此并没有让年少的凯奇多接触巴赫和贝多芬等严肃作曲家的音乐,而是鼓励他弹奏莫什科夫斯基①和格里格等浪漫作曲家的曲子。他们温和的作品经常被收录到大众化的选集里,这些选集的题名往往是温和中庸的《全世界都喜爱弹奏的音乐》之类。[8]

志向远大的少年们在学钢琴时为了弹好都要狠下苦功,除了排练独奏曲目之外,还要练习音阶、琶音和其他技巧;凯奇的追求显得与众不同。在菲比姨妈的帮助下,他培养起了见谱即奏的技能,可以迅速地从一首曲子转换到另一首曲子,而无须完全了解整部乐曲。这个男孩就这样拥有了全新的体验和新的发现,足以让他自得其乐。

学会弹钢琴让凯奇获得了自信,他开始变得外向。他曾为高中合唱团队试音,不过被告知他的嗓音不合适。后来他在 KNX 广播电台工作,担任制作人并每周主持广播节目,向人们展示他童子军同伴们的才干(凯奇一直未能加入美国童子军中

---

① 莫什科夫斯基(Moritz Moszkowski,1854-1925),德国作曲家、钢琴家、数学家,在 19 世纪晚期颇受推崇。

年龄最高的一级组织）。担任主持人时，他还向人们介绍了一些乐器独奏者，凯奇曾为他们进行钢琴伴奏。在主持节目的两年里，凯奇还会邀请一些成年人进行简短而有启发性的说教；没有其他节目可播出时，凯奇本人会进行钢琴独奏。[9]

但是音乐并非凯奇在那些年里唯一热衷的对象。他对精神灵性的关注让他脱离了新教的影响，不再执著于近乎清苦的生活，而是受到更加灵活的自由天主教会的吸引。他感到在各种信仰中只有自由天主教会的仪式汇合了最有戏剧性的风格特征。他甚至想过要背弃自己的父母加入这一教派，直到一位神父对他说，"别傻了，回家吧。宗教有很多种，但你只有一个父亲一个母亲"[10]。凯奇语言天赋很高，在高中就学习了法语、德语以及英语写作和文学。

1927 年 5 月，凯奇在地区演讲比赛中获胜，在好莱坞露天剧场发表了获奖演说《他人认为》(*Other People Think*)。这一演说充分证明了凯奇出自 20 世纪早期加利福尼亚的特殊背景，同时也预示着他将成为出色的艺术家和思想家。在这篇演说中，凯奇批评了美国的"资产阶级在南方共和国狂热地投资并贪婪地剥削它们"[11]。对于这一社会问题，凯奇并没有到政治活动中寻求解决方案，而是令人惊异地构想出了全国瘫痪的状况：

> 在不远的将来，美国将有可能迎来的最大福祉就是，工业生产中断，商业发展停滞，国民集体缄默，各类事务暂停，最终一切都会暂缓，直到每个人都听到前进的车轮戛然而止，留下最后一声回响……而后，随着一

切的彻底中断，在那不受打扰的平静中，最有利于全美国的良心诞生的时刻就将到来……因为我们将处于无声的沉默，我们将有机会明白，他人有自己的观点。[12]

凯奇希望，美国及其拉美邻居都能学会理解它们各自独立的文化态度，并能比以往更加互相珍视。凯奇在说出这些不寻常的话语时只有 14 岁。一年后，凯奇从洛杉矶高中毕业时，曾作为班上最优秀的学生致告别辞。

高中毕业后，凯奇被波莫纳大学（Pomona College）录取。但他很快就对程序化的教育状况感到不满，开始质疑为什么大家必须读同样的教材，而不是读不同的书并与他人分享自己新学到的东西。他用现代文学的形式完成作业和测验，希望能超越格特鲁德·斯坦因（Gertrude Stein）。他在音乐上的兴趣扩展到了贝多芬的弦乐四重奏，这些音乐他是和日本朋友安部民雄（Tamio Abe）一起听的，这位朋友"搜集到了最全的贝多芬音乐"[13]。

两年后，凯奇离开了波莫纳大学。他没有拿到这所大学的文凭。凯奇从加利福尼亚旅行到德克萨斯，登上了一艘开往勒阿弗尔的船。他下决心致力于写作，并说服了父母提供经济支持，让他可以在国外体验生活并学习知识。但是在他回忆这段时光时，却根本没有提到他创作出了什么诗文。相反，凯奇在开始时似乎把很多时间用到了艺术欣赏上，他每天在马扎兰图书馆（Bibliothèque Mazarine）从早坐到晚，研究哥特式建筑。后来凯奇与在波莫纳认识的艺术史学家约瑟·皮霍安（José

Pijoán）偶遇。皮霍安得知凯奇在读建筑方面的书时，"抬腿踢了他裤子一脚"，然后把他介绍给了更为现代派的建筑师厄尔诺·古登菲戈（Ernö Goldfinger）。在古登菲戈的指导下，凯奇开始画希腊式柱子，测量这位建筑师要进行现代化改建的房屋的面积。然而有一天，凯奇无意中听到古登菲戈对他的女性仰慕者说，建筑师必须把一生献给建筑才行，于是凯奇放弃了，他说他不想把一生的精力都倾注到建筑上。或许让凯奇感到恼火的是古登菲戈的态度：这个严肃的年轻人无法想象，从事现代艺术的人会把时间用来与年轻女子调情。[14]

在音乐、艺术和文学之间，凯奇显然难以进行抉择，于是他开始了对这三者的自由探索。他在巴黎音乐学院跟随法国著名钢琴家拉扎尔-列维（Lazare-Lévy）学习，拉扎尔-列维是新音乐的倡导者，学生包括所罗门、莫尼克·哈斯、克拉拉·哈丝姬尔和伊凡·洛莉欧。凯奇欣赏的音乐扩展到了巴赫和莫扎特。此时，将在 1939 年完成查尔斯·艾夫斯的《康科德奏鸣曲》首次公演的约翰·柯克帕特里克（John Kirkpatrick）举办了一场钢琴独奏会，演奏的曲目包括斯克里亚宾和斯特拉文斯基的乐曲，这激发了凯奇对新音乐的爱好。之后不久，凯奇就接触到了由德国出版商 B. 肖特·肖恩发行的《新钢琴教本》（*Das Neue Klavierbuch*），这部钢琴曲选集收录的曲目简单易懂，包括斯特拉文斯基、巴托克和亨德米特等现代作曲家的作品。

不过，对于凯奇来说，最重要的探索或许是在 1931 年完成的，那源于他与在哈佛学习的诗人唐·桑普尔（Don Sample）之间的浪漫关系。桑普尔并不是凯奇最早交往的同性密友，而且不论是在他们交往之前还是之后,凯奇都并非只对男人感兴趣。但是桑普尔在凯奇的生命中扮演了重要角色,两人的交往或许意味着凯奇一生中第一段重要感情。他们相处了几年,从欧洲返回美国后甚至在加利福尼亚同居。认识他们的人曾描述说,桑普尔是"自大自负、不折不扣的哈佛人"[15]。桑普尔影响了凯奇对艺术的喜好,并把凯奇介绍给了先锋派文学杂志《转型》(transition),凯奇在杂志上读到了詹姆斯·乔伊斯正在写作的《芬尼根守灵夜》的片段,这部小说对凯奇的艺术创作起了决定性的作用。

凯奇和桑普尔的共同旅程让他们接触到了当时最有影响的艺术作品。他们在马略卡偶然与罗伯特·格雷夫斯(Robert Graves)有了些交往。也是在马略卡,凯奇开始认真进行音乐创作;这些作品大多数都留存了下来,尽管他后来声称毁掉了当时创作的作品。按照凯奇的描述,它们都是借助数学计算完成的,时长都很短。[16] 在德绍(Dessau),两人探访了包豪斯,这所艺术和建筑学校融合了美术、工业设计、应用科学和精密测量,其体现出的现代派美学特色给两人留下了深刻印象。[17] 尽管凯奇总是追述视觉艺术家莫霍利-纳吉(László Moholy-Nagy)和约瑟夫·亚伯斯(Josef Albers)等人的影响,但是奥斯卡·施莱默(Oskar Schlemmer)把表演视为空间艺术的观念却与凯奇后来针对舞蹈和剧场的创作有很强的相似性,这种观念意味着,演员在空间中的每个可能的动作所占据的部分,都应被视为潜在的行动地点。[18]

凯奇在离家漫游欧洲的早期曾非常想家,但是凯奇的父母鼓励他坚持了下去。"别傻了，"克里特责备说，"尽可能在欧洲多生活一段时间……或许你以后再没机会回去了。"[19] 不过，在大萧条带来的生活压力下，凯奇的父母最终无法再为他提供经济支持了。他和桑普尔返回美国，两人开着一辆福特 T 型车横穿美国，为这次的漫游画上了句号。到 1932 年时，他们开始在圣莫尼卡（Santa Monica）一起生活，这座城市与洛杉矶三面相接。

凯奇和桑普尔住在一间公寓里，公寓的大房间下面是汽车旅馆。为了挣到租金，凯奇当了园丁。由于经济拮据，专注于任何一项艺术活动对凯奇来说都成了奢侈。或许他也发现自己所接受的文化教育还不够。他很快就开始当兼职教师来赚钱，每周给住在附近的女士们讲授现代艺术和音乐。在法国，凯奇已经在凡尔赛和其他类似地方担当过临时导游。他会在讲解的前一天尽可能了解要讲的内容，尽管在这之前他对此一无所知。他曾向一群人坦白说自己耍了小伎俩，他们则回答说早已看出了凯奇的无知，因此更觉得他很有趣。[20] 加利福尼亚的主妇们显然也受到了凯奇的感染，这既是因为他对所讲的主题总是洋溢着热情，也因为她们感到是在和他一同学习。

在这个过程中，凯奇获得了一些展示自己音乐作品的机会。他和哈里·海（Harry Hay）一起在 1932 年 11 月为圣莫尼卡女子俱乐部演奏了自己早期写的一些歌曲。哈里·海是著名的同性恋权利活动家，同性恋组织马塔辛社团（Mattachine Society）的创始人。凯奇当时在最新创作的作品中放弃了之前运用数学谱曲的复杂方法，开始探索一种临时记谱法，尽可能迅速地记下他在钢琴上自发弹出的声音。

克里特或许动用了她的人际关系来帮助凯奇组织起这场音乐会。在凯奇艺术生涯的早期,她乐于夸大凯奇接受过的音乐训练的程度,特别是他跟随拉扎尔-列维学习音乐的情况。在音乐会上,凯奇负责弹钢琴,哈里·海则以类几何形的服装和客观的表演风格来呈现这些歌曲,这种风格与包豪斯的表演美学相关。(这位歌手回忆说,凯奇和桑普尔经常与他一起研究他们从欧洲带回来的包豪斯目录,从中获取家具陈列和设计的灵感。[21])

与此同时,凯奇给家庭主妇们上的课程一直很平静,直到他开始准备讲解勋伯格的音乐。勋伯格的唱片很难找到。现场演奏也不是办法,因为这位作曲家的钢琴曲对音乐家来说是技术上的极大挑战,凯奇的技巧还不够高,几乎一首都无法演奏。在那之前凯奇曾突发奇想,或许曾经演奏过勋伯格的《钢琴小品三首》(Op. 11)的美国钢琴家理查德·毕力格(Richard Buhlig)此时就生活在洛杉矶。毕力格果然在洛杉矶,于是凯奇非常大胆地给毕力格打电话,想请毕力格为自己弹奏该钢琴小品。毕力格没有同意,很干脆地挂断了电话。现在,凯奇又想请毕力格来帮他讲解勋伯格的音乐:

> 我决定不给他打电话,直接去他家里拜访他。我搭车到了洛杉矶,中午时到了他的住处。他不在家。我从胡椒树上掰下树枝,把叶子一片片地扯下来,同时默念着:"他会回来;他不会回来;他会回来……"最后

一片叶子显示的结果总是,他会回来。他回来了。在
午夜。[22]

　　毕力格再次拒绝了凯奇的要求,但是凯奇这个年轻人留给
他的印象太深刻了,因此他和凯奇另行约定,要看看凯奇的
作品。
　　这次会面非常及时,因为毕力格此后就开始训练凯奇的作
曲技巧。尽管这位钢琴家未能给凯奇提出关于乐曲创作的指导
建议,但是他具有丰富的 20 世纪音乐作品的表演经验,这无疑
帮助凯奇对各类新音乐形成了更深刻的认识。毕力格指导凯奇
阅读 19 世纪英国作曲家普劳特(Ebenezer Prout)有关和声及曲
式的基本作品,放弃即兴创作时对连贯作曲结构的追求。凯奇
则从即兴创作和歌曲写作转向了器乐创作,作曲的题名则是严
肃抽象的"奏鸣曲""乐曲"和"小品"之类。
　　有人认为,凯奇在毕力格指导下创作的《单簧管奏鸣曲》
(1933)是他早期的第一部重要作品。但是这部音乐作品很难
昭示出其创作者的远大前程。奏鸣曲的时长只有三分钟,按照
常见形式分了三个乐章,其中第一和第三乐章急促,第二乐章
舒缓。单簧管的谱线环绕着半音音阶的全部十二个音高上下起
伏,时常达到音区的极点,但听起来只会显得更加混乱。不过
间或也会重新出现有规律的旋律和节奏,可以引导听众;而在
其他地方,两段先前出现的旋律又以相反的顺序重新出现。
(实际上,最后的乐章以这种方式重复了从第一乐章开始的所
有音高。[23])

格利特·苏尔坦,约1950年

　　不过,让这部乐曲令人难忘的特点来自凯奇对节奏的处理,他对乐曲速度和强有力的结尾具有敏锐的直觉。在看似混乱的第一乐章中,连续的短促音符间夹杂着突然出现的延展的长音,从而营造出了向前跃进的狂热感觉。每一组出现的稳定音符数量不同,让人忘记了规律性的节拍律动,更多地注意到出人意料的声音变化。奏鸣曲的结尾部分更是激动人心,乐曲的节奏突然慢了下来,变成更长的音,音区的更大跳跃则凸显了这种激剧变换的效果。凯奇有理由为他创作的奏鸣曲感到骄傲。

　　在毕力格的帮助下,凯奇也接触到了所在地区的其他音乐家。毕力格把凯奇介绍给了他的其他学生,在这些学生中,格利特·苏尔坦(Grete Sultan)成了凯奇一生的朋友,并一直大力宣传凯奇的音乐。最重要的或许是,毕力格鼓励凯奇把新完成的单簧管奏鸣曲交给美国作曲家亨利·考威尔（Henry Cowell）,以期在考威尔主编的当代音乐季刊《新音乐》上发表。

考威尔是居住在西海岸的最著名的美国作曲家,或许也是当时美国最重要的现代派作曲家,毕力格自从 20 世纪 20 年代以来一直是考威尔音乐的拥趸。考威尔最终能克服在社会、经济方面遇到的重重困难,要归功于他非凡的毅力和强烈的好奇心;他独特的个性吸引了音乐学家、作曲家查尔斯·西格（Charles Seeger）等人的注意,并因此在他们的帮助下完成了学业。考威尔引领了一系列对其他作曲家有着重要影响的革新,包括音群、以不同节拍展现的同样时长的音乐、为了开发新的乐声对钢琴进行的改装,甚至还有原创性的"弹性形式",也就是在创作时兼顾乐曲曲式的灵活性。巴托克和勋伯格都推崇他的作品。考威尔的这些观点在他的《新音乐来源》（New Music Resources）一书中均有体现,早在 1916 年他就开始写作这本书了。[24]

考威尔没有同意发表凯奇的单簧管奏鸣曲,但他承诺,他在圣弗朗西斯科举办新音乐作品演奏会时将把这首曲子安排进去。凯奇搭便车去参加音乐会,然而令他难堪的是,单簧管演奏者直到音乐会举行当天才勉强看了一下曲谱,结果这首曲子的技术难度太大了,那个演奏者无力应对。无奈之下,凯奇不得不自己用一根手指在钢琴上弹出这一乐曲,可以想象出那是最怪异的演奏方式。[25]

但是在艺术活动之外,凯奇的生活似乎捉襟见肘。工作难找,为了生计,凯奇要帮父亲在图书馆收集资料,帮母亲经营不盈利的小店——当地的艺术家和工匠会在店里卖一些他们的物品。一天,一个名叫齐妮亚·卡谢瓦洛夫(Xenia Kashevaroff)的年轻女子走进了店里,凯奇就在那一瞬间坠入了爱河。齐妮亚是阿拉斯加人,当时在里德学院学习艺术。两人初次见面时,凯奇的潇洒自信就飞到了九霄云外。齐妮亚并没有理会凯奇的注目,很快就从店里离开了。不过凯奇并不气馁,他相信她还会回来。

> 当然,几星期后她又出现了。这一次我认真想好了要和她说什么。那天傍晚我们共进晚餐,也是在那天傍晚我向她求婚……她有点不情愿,但是大约一年后她同意了。[26]

很难说凯奇与齐妮亚的婚姻会通向幸福的结局。实际上他和桑普尔的关系一直持续到了1935年,而且他同时也会与其他男女发生关系,或随意或认真地。不过,凯奇清楚地意识到齐妮亚将会是他生命中非常重要的人。在此后几年里,他和齐妮亚的共同生活都会让他感到安稳幸福,并给他带来了灵感,一直到20世纪40年代早期。

注　释

1　参考斯蒂芬·舒瓦茨(Stephen Schwartz),《由西向东：加州和美国精神的形成》(*From West to East*：*California and the Making of the American Mind*,New York,1998), 第139－204页。

2　一般来说,凯奇生活和职业生涯中的各种事件发生日期的详尽年表需参考保罗·冯·埃默里克(Paul van Emmerik), 赫伯特·汉克(Herbert Henck)与安德拉斯·韦尔海姆(András Wilhelm)的《约翰·凯奇汇编》(*A John Cage Compendium*),见 www. xs4all. nl/~cagecomp/(2005年6月24日刊登)。

3　托马斯·J.海恩斯(Thomas J. Hines),《那时还不是凯奇：洛杉矶岁月,1912－1938》(*"Then Not Yet 'Cage'"*：*The Los Angeles Years*,*1912－1938*),收录于玛乔瑞·帕洛夫(Marjorie Perloff),查尔斯·江克曼(Charles Junkerman)编,《约翰·凯奇：作于美国》(*John Cage*：*Composed in America*,Chicago, IL, 1994), 第71页。

4　理查德·科斯特拉尼茨(Richard Kostelanetz)编,《与凯奇交谈》(*Conversing with Cage*,New York, 2002),第二版,第1页；迈克尔·布洛伊尔斯(Michael Broyles),《1860－1920年的艺术音乐》(*Art Music from 1860 to 1920*),收录于《剑桥美国音乐史》(*The Cambridge History of American Music*,Cambridge, 1998),大卫·尼科尔斯(David Nicholls)编, 第227－232页。

5　约翰·凯奇,《从星期一开始的一年：新的演讲和作品》(*A Year from Monday*：*New Lectures and Writings*,Middletown, CT, 1967), 第20页。

6　海恩斯,《那时还不是凯奇》,第74页。

7 约翰·凯奇,《沉默:演讲和文章》(Middletown, CT, 1961), 第 88 页。

8 科斯特拉尼茨,《与凯奇交谈》, 第 2 页。

9 同上, 第 2-4 页。

10 凯奇,《沉默》, 第 271 页。

11 约翰·凯奇,《他人认为》(*Other People Think*), 收录于《约翰·凯奇选集》(*John Cage: An Anthology*, New York, 1991), 理查德·科斯特拉尼茨编, 第 46 页。

12 同上, 第 48 页。

13 科斯特拉尼茨编,《与凯奇交谈》, 第 3 页。

14 约翰·凯奇,《音乐时代:凯奇谈词语、艺术和音乐;约翰·凯奇与琼·雷塔莱科的谈话》(*Musicage*: *Cage Muses on Words, Art, Music*; *John Cage in Conversation with Joan Retallack*, Hanover, NH, 1996), 第 83-84 页。

15 肯尼斯·西尔弗曼(Kenneth Silverman),《再次开始:约翰·凯奇传记》(*Begin Again*: *A Biography of John Cage*, New York, 2010), 第 8-9 页。

16 埃默里克等,《约翰·凯奇汇编》(*A John Cage Compendium*)中的年表(2011 年 3 月 10 日刊登)。

17 克里斯托弗·沙尔提斯(Christopher Shultis),《凯奇和欧洲》(*Cage and Europe*), 载《剑桥指南之约翰·凯奇》(*The Cambridge Companion to John Cage*, Cambridge, 2002), 大卫·尼科尔斯编, 第 22-23 页。

18 瓦尔特·格罗皮厄斯(Walter Gropius)等,《包豪斯剧场》(*The Theater of the Bauhaus*), 阿瑟·S·温辛格(Arthur S. Wensinger)(Middletown, CT, 1961), 第 85 页。

19 引自大卫·雷维尔（David Revill），《怒吼的沉默：约翰·凯奇的一生》(*The Roaring Silence*：*John Cage，A Life*，New York，1992），第37页。

20 凯奇，《音乐时代》，第85页。

21 沙尔提斯，《凯奇和欧洲》，第23页。

22 凯奇，《沉默》，第273页。

23 大卫·伯恩斯坦（David W. Bernstein），《音乐 I：到20世纪40年代晚期》(*Music I：To the Late 1940s*），载《剑桥指南之约翰·凯奇》，尼科尔斯（Nicholls）编，第63-64页。

24 大卫·尼科尔斯，《亨利·考威尔》(Cowell，Henry），见格罗夫音乐在线（Grove Music Online）牛津音乐在线（Oxford Music Online），www. oxfordmusiconline. com/subscriber/article/grove/music/06743（2011年3月16日刊登）。同时参考大卫·尼科尔斯编，《亨利·考威尔：新音乐来源》(*Henry Cowell，New Musical Resources*，Cambridge，1995）。

25 利塔·E. 米勒，《亨利·考威尔和约翰·凯奇：交流和影响，1933-1945》(*Henry Cowell and John Cage：Intersections and Influences，1933-1945*），《美国音乐协会期刊》(*Journal of the American Musicological Society*），LIX/1（2006），第51页。凯奇自己对于该次首演的叙述通常省了令人难堪的演奏方式；参考《一个作曲家的坦白》(*A Composer's Confessions*），收录于理查德·科斯特拉尼茨编，《作家约翰·凯奇：未辑文稿》(*John Cage，Writer：Previously Uncollected Pieces*，New York，1993），第30页。

26 海恩斯，《那时还不是凯奇》，第86页。

第二章

无 畏

凯奇在去世之前的几个月接受了托马斯·J.海恩斯的访谈,他回忆说,在他向齐妮亚求婚时,他与唐·桑普尔的关系"变得混乱随便"。由于同性恋和双性恋者没有聚会和公开社交的集中场所,他们都会到公园里去寻找性伴或友伴。这对伴侣在那之前完全忠于对方,此时却去寻找其他同伴,真令人费解。凯奇在提到个人生活时,从来不愿谈论那些与他一起生活过的人,他只是说,自己的不忠是因为没能力"正确处理情感"。[1]

这一评论,以及凯奇在20世纪30年代中期的日常生活,都显示出凯奇在认真致力于创造的同时也强烈渴求与他人充满激情的交往。这些交往关系让他产生了罪恶感,也让他经常感到困惑。在1935年6月的一个清晨,4点30分,他在亚利桑那州的沙漠最终与齐妮亚结合后,时常涌起的激情浪潮至少是暂时平息了。他终止了与桑普尔的关系。从1934年秋天到次年春天,是凯奇生活中的混乱时期,他以同样的热切在音乐与激情的世界里不停追逐探索。

凯奇在钢琴上单指弹奏的单簧管奏鸣曲,肯定给考威尔留下了深刻的印象。考威尔把他当成了自己的学生。年长的考威尔很容易就在年轻的凯奇身上看到了自己的影子。他们两人同样表现出不断自学进步的能力,同样在加利福尼亚长大,同样对先锋派的各种形式感到兴奋,同样既与男人也与女人有亲密关系。不过并没有记录提到凯奇和考威尔之间发生过性关系。[2]不久之后的1936年,考威尔就将迎来他生命中的悲惨时期,因为与少年发生关系,他被拘捕、受到审判并被定罪,关进了圣昆丁州立监狱。所幸他只被关押了四年。[3]但在州长宣布特赦之后,他对极端的音乐革新已经没有多少兴趣了。考威尔的作品数量惊人、类型众多,因此直到今天,要对他的创作进行评论仍然不易。悲哀的是,他在美国音乐史上的重要作用一直被人低估。

考威尔和凯奇还有一大相同之处,那就是对阿诺德·勋伯格的音乐和作曲美学的认同。勋伯格有犹太血统,因此不得不逃离德国。他先是来到了纽约,而后在1934年秋天到了南加州,在位于加利福尼亚洛杉矶的南加州大学任教,同时也私下教授学生。考威尔公开支持勋伯格,在之前一年就发表了对勋伯格作品充满赞誉的评价。[4]在20世纪早期,凯奇和考威尔,还有其他很多人,都相信现代音乐只能沿着两位作曲家的实践路线发展:或者依循勋伯格,或者依循伊戈尔·斯特拉文斯基。到了20世纪30年代,斯特拉文斯基代表着新古典主义的巅峰,

18世纪音乐的曲式、和声、旋律和节奏都经过了现代主义的转变，而后重又成为新音乐的坚实基础。有趣的是，斯特拉文斯基也住在南加州，距离勋伯格不远。与此同时，勋伯格创建了十二音体系，在很大程度上放弃了斯特拉文斯基采用的和声与旋律方法，以此来探索独特的半音音阶序列的意义。在勋伯格的作品中，大多数新古典主义音乐中存在的调性中心概念消失了，取而代之的是通过十二个半音音高的独特排列来达到声音的连贯。勋伯格偏爱复杂的对位法，以此避免音的重复，因此，尽管勋伯格也开始采用18世纪的音乐形式和手法，但是他的音乐仍与斯特拉文斯基的音乐截然不同。

　　勋伯格批评斯特拉文斯基和其他新古典主义者未能完全接受现代性的蕴涵并抛弃所有的调性，于是凯奇也认为，致力于先锋派就需要完全投入其中。凯奇宣布要以勋伯格为标杆，不折不扣地进行革新。不过此时，勋伯格的音乐在美国没有多少人演奏，尽管乐谱可以学习，但是勋伯格的十二音体系的确切内容并没有得到人们的充分理解。无论如何，很多20世纪早期的美国作曲家受到了勋伯格的作曲方法吸引，把他们与勋伯格联系到一起的理念就是所有十二个音在半音音阶中的周期循环，这样就可以避免出现某个音比其他音更加重要的情况。[5]

　　凯奇接下来的音乐作品以独具一格的方式扩展了这一原则，而且具有先见之明。他把所有音高融入一首乐曲中，半音音阶的十二个音重复一个或高或低的八度音程，结果一共得到25个音高。凯奇在这些乐曲中安排音高的方式是，25个音中没有哪一个会在其他音出现之前再次出现。这种针对标准的十二音体系的额外调整，与勋伯格等人采取的方法有很大差异，在后者那里半音的处理格外抽象，不论是更高还是更低的音区。（同样，音乐家们和其听众受到的教诲是，要认为钢琴的中央 C 音与相邻的更高或更低的音区的 C 音具有抽象的共性，就如同大家熟悉的《音乐之声》中唱出的音节："Do-re-mi-fa-so-la-ti-do!"）与此相对的是，凯奇采取的方法让他开始认为，所谓的相关音高是**根本**不同的类型，同时也表明他后来对声音的兴趣偏离了业已存在的理论背景。

除了这一革新之外，凯奇的 25 音体系的音乐听起来与单簧管奏鸣曲类似。《二声部奏鸣曲》（*Sonata for Two Voices*,1933）的旋律线与更早的作品同样迂回，节奏同样难以预测，三段乐章同样简短。唯一不同的是第二个"声部"的出现。（在复调音乐中，不论是歌唱还是器乐演奏，单独的部分都总是被称为声部，以此凸显其旋律的独立性。）两段旋律线的结合营造出了更大的不协和音程，它们在时间上重叠时彼此冲突。实际上，这种音乐的声音一般被称为不和谐对位，该术语是由考威尔的老师查尔斯·西格创造的。在这其中，和谐一致的声音要从属于不和谐的音（16 世纪和 18 世纪的标准对位恰恰相反）。

凯奇的作曲观念受到了他所钦佩的作曲家的影响，同时他也在作曲的过程中体会到了运用技巧带来的愉悦。他积极地评价当时正在读的考威尔主编的一本系列访谈和分析。[6] 不过这并不代表凯奇认为自己的音乐只是智力游戏，而是意味着他的音乐具有表现性的内容，音乐本身就是作曲家的生活方式和信仰的一种表达。凯奇希望，有一天作曲家个人的名字不再重

保利娜·辛德勒,
20 世纪 30 年代

要,"共同的信仰、无私精神和技术进步将会促使新时代到来,那是音乐的时代,而不是音乐家的时代"[7]。

凯奇不愿在公众面前谈论自己最在意的人,但是他在这篇短文中也表达出了他对待感情的暧昧态度。这也引出了一个一直存在的问题:作品是否要激发感情的流露?倘若答案是肯定的,那又是什么样的感情?实际上音乐家、作者和听众都曾就他的作品提出过这个问题。人们普遍认为,凯奇的音乐不会引发感情。然而凯奇的上述说法和其他公开声明也都暗示着另一种诠释:他所期待的新时期音乐或许并不会压制感情或个性,而是会带来一种新的主体性,它尚不为人所知,但是属于人们共有,而且最终会被人们发现。

这篇短文发表在 1934 年 2 月 15 日出版的月刊《沙丘论坛》（*Dune Forum*）上，该杂志的订阅者包括考威尔、编舞者马莎·格雷厄姆（Martha Graham）、诗人罗宾逊·杰弗斯（Robinson Jeffers）和建筑师理查德·纽特拉（Richard Neutra）。凯奇把原始手稿寄给副主编保利娜·辛德勒（Pauline Schindler）时也给她写了一封友好的信件，他们可能是通过考威尔认识的。[8] 两人有共同的信念，辛德勒是现代音乐的积极倡导者，曾经满怀热情地写过关于埃德加·瓦雷兹（Edgard Varèse）的评论。凯奇把他的《三声部乐曲》（*Composition of Three Voices*，1934 年 1 月完成）献给了辛德勒，这一乐曲也是根据 25 音体系创作的。

凯奇与辛德勒的友谊日益深厚，不过凯奇又要踏上旅程，不得不暂时中断了两人的交往。这次凯奇去的是纽约，他要在那里继续学习。要实现自己的愿望，凯奇就必须达到专业技术上的要求。考威尔得知凯奇梦想着拜勋伯格为师，也知道他需要经济资助，为了帮助凯奇，考威尔建议他与移居纽约的德国人阿道尔夫·魏斯（Adolph Weiss）联系，因为魏斯曾经跟随勋伯格学习过，知道勋伯格的教学方法。[9] 凯奇和桑普尔在 4 月启程横穿美国，抵达了纽约。

在纽约，魏斯教给了凯奇一些基本的音乐技巧，包括怎样写出一段优美旋律，怎样为该旋律配和声。凯奇找到了一份给基督教女青年会刷墙的工作，他父母每个月给他寄一点点钱。他的时间安排很紧张，魏斯的音乐课是在晚上，课后他经常要陪魏斯、魏斯太太和作曲家沃林福德·里格（Wallingford Riegger）打牌。他每天清晨四点起床完成音乐课的作业，然后在最后一刻冲出门坐车去上班。于心不忍的魏斯后来给凯奇找了些用钢笔抄写手稿的工作。[10]

凯奇也经常去见亨利·考威尔。考威尔受到社会研究新学院这一知名艺术学校的邀请，在那里教现代音乐和世界音乐（后者当时颇受推崇）。年轻的凯奇充当了考威尔的助手，在查尔斯·艾夫斯提供的慈善奖学金的资助下，凯奇也听了考威尔的课。凯奇的学习在那年12月告一段落，因为魏斯要去一个巡回演出的管弦乐队中吹奏巴松管。考威尔用汽车把凯奇和桑普尔送回了加利福尼亚。

凯奇在动身前给保利娜·辛德勒写了封信。对重逢的渴望让凯奇心潮澎湃，写下的话语也颠三倒四令人费解，例如："一切都很重要。平等差异，把它们写下来并且加以强调。"[11]辛德勒当时居住在距离洛杉矶大约70英里远的奥海镇，凯奇经常给她写信。或许是在1935年1月凯奇去看辛德勒时，两人的关系从朋友变成了情人。这对恋人在音乐世界和大自然里漫游，辛德勒写的下面这段话或许就抒发了释放激情后的感受：

> 啊，芬芳就是话语。盛放就是爱的表达。我相信，对人们来说，恋爱的一部分重要意义就在于，爱赋予人们前所未有的力量，让人更完整地认识世界，开始与本源的力量进行交流，然而在此之前我们对这种力量通常迟钝不知……约翰，约翰，我因你欣喜。[12]

让他们心醉神迷的感情未能持久。凯奇继续与桑普尔维持关系,并在3月告诉保利娜,齐妮亚接受了他的求婚,婚礼将在6月举行。或许凯奇仍在与其他男人滥交。在另一封信中,他提到了内心的痛苦挣扎:

> 啊,保利娜,我知道什么是好人,而我并不是好人。
>
> 现在和你在一起是如此放松。这可以让我逃离我必须面对的一些东西——一团混乱。我想去征服,然后回到你身边。你知道我是多么罪恶和自傲。唯一的征服是通过谦逊,我现在并不谦逊。[13]

在这期间,凯奇学会了吹奏圆号,并开始跟随勋伯格学习。到了夏天,凯奇放弃了圆号,不过跟随勋伯格的学习在整个1937年都没有停止,尽管学习的性质并不明确。[14]凯奇参加了一个大班,勋伯格指导那些学生分析巴赫的《赋格的艺术》和《平均律钢琴曲集》,勃拉姆斯的最后两部协奏曲和他自己的第三弦乐四重奏。让身为作曲家的勋伯格在其音乐中醉心于以小的音乐单元——通常不超过三个音——来创造出更大型的作品。在勋伯格的影响下,他的学生都认为德国传统上的伟大音乐家也持有同样的想法。在后来两年多的时间里,凯奇学习了作曲、和声、分析、对位等课程。

凯奇对学习情况的早期叙述表明,他在勋伯格指导下的学习并没有一个理想的开始。4月,他告诉魏斯,“尽管从每种课程中我都零星发现了一些非常有价值的东西,但是从根本上来说,我对同学的平庸感到困扰。包括我自己。因为我现在似乎

阿诺德·勋伯格,约 1948 年

觉得自己也是迟钝愚笨的"。但是仅仅过了一个月之后,凯奇就在写给保利娜·辛德勒的信中把勋伯格描写为热心帮助学生的好老师,勋伯格则把凯奇的对位练习当成范例展示给学生,认为凯奇完成的对位练习太出色了,无须再加以指导。[15]

　　在给辛德勒写信之前,5 月初,凯奇与勋伯格进行了短暂的私下交流,凯奇问了很多问题,他认为这些问题暴露出了自己在音乐理解上的巨大空白。在凯奇问完问题之后,勋伯格同意凯奇继续跟他学习,他只给了凯奇一句忠告:"现在你必须只想着音乐,必须每天工作六到八个小时。"[16]

凯奇一生中经常引用名人警句,或赋予他灵感的话语,也常常改动或强化他与那些偶像级人物会面时的细节。勋伯格排在这些人的首位。凯奇回忆中的勋伯格就如同一个关于创造的华丽神话。比如说,凯奇曾这样回忆上面提到的这次会面:"(勋伯格)说,你可能付不起我要收的钱;我回答说,这就不用提了,因为我没钱。于是他说,你愿意把一生的精力都献给音乐吗?我回答说我愿意。"[17]凯奇的叙述或许更多的是对事实的诗意借用,而不是刻意重构事实,目的是要表明他自己形成的自我意识和美学观念。实际上,这一叙述的语气与他在《沙丘论坛》上发表的文章非常吻合,那篇文章谈到了艺术家需要表现出不可动摇的信念,创造出能够显示他如何生活的艺术作品。这也解释了凯奇为什么把自己对勋伯格的态度界定为一名追随者而不是一个学生。

很久之后,评论家、企业家彼得·耶茨(Peter Yates)发表了他与勋伯格最后一次交谈的记录。耶茨的叙述有些犀利,或许也经过了渲染美化。在交谈中,这位作曲家——他能想起的只有凯奇——惊叹道:"他不是个作曲家,而是天才的发明家。"凯奇在回顾他追随勋伯格学习的传奇时光时,对此也是津津乐道。[18]

凯奇怀着崇敬的心情接受勋伯格充满问题和矛盾的教导,

就如同他在青少年时代曾对自由天主教会的玄理和仪式着迷一样。勋伯格会在学生过于严谨地完成对位练习时告诉他们不要恪守规则;但是如果学生们选择了自由的方式,他又会批评他们不守规则。在一堂对位课上,勋伯格和凯奇进行了奇特的交流:

> 我们要回答他提出的一个问题,回答完就可以下来回到位子上,然后他要检查答案的准确性。我按照指示做了。他说:"不错,现在换一种解决方法。"我按他说的做了。他又说:"再换一种方法。"然后我又找到了一种方法。接着他又说:"再换一种。"如此反复。最终,我说:"已经没有其他方法了。"他问道:"蕴含在所有这些解决方法之中的原则是什么?"[19]

这个问题萦绕在凯奇心头,要等到很久之后他才能找到令自己满意的答案。

在学习期间,凯奇认为自己最大的弱点就在于对和声的贫乏理解。在 5 月和勋伯格单独交流之后,勋伯格告诉他,自己的一个得意门生或许能帮他补上他所不了解的东西。不过到了秋天,凯奇再次遇到了令他厌烦畏惧的对象,这或许是他要跟随勋伯格学习的最后一门课程。他难以再完全追随勋伯格:新婚生活的压力让他难以坚持下去,而他对打击乐等领域的新兴趣也与勋伯格以音高为中心的作曲观日益不相容。最后,导师和追随者陷入了僵局。

跟随勋伯格学习两年之后，勋伯格说："要想写音乐，你必须对和声有感觉。"我对他解释说，我对和声毫无感觉。于是他说，我会一直遇到阻碍，就好像我面前是一道无法逾越的墙。我说："如果这样，我会倾尽余生用头去撞那道墙。"[20]

被勋伯格奉若神灵的伟大作曲家都对发展和声做出了相当大的贡献，特别是贝多芬和瓦格纳。勋伯格"解放了不协和音"，毋庸置疑，这必然导致和声最激进的发展。因此凯奇对和声的漠视肯定让勋伯格无比惊诧。

而凯奇自己则对新音乐作曲的一个领域越来越敏感：那就是打击乐。该领域无法与勋伯格感兴趣的和声相容。瓦雷兹的《电离》（*Ionisation*）1933 年在纽约首演，这是第一部仅仅使用打击乐的作品，引发了人们对打击乐的浓厚兴趣，受其影响的作品包括考威尔的《固定弱奏》（*Ostinato pianissimo*，1934）。凯奇在好莱坞露天剧场观看了《电离》的演奏。在此之前，凯奇曾在春天给抽象电影制作人奥斯卡·费钦格（Oskar Fischinger）当过助手，费钦格的一句随意的评论也让凯奇对打击乐器更加着迷："他说世间的一切都具有可以通过声音释放出来的灵魂，这句话让我热血沸腾，让我的心燃起了熊熊烈火。"[21]

与一位名叫黑兹尔·德雷斯（Hazel Dreis）的女士住在一起并学习图书装订时，凯奇和齐妮亚组成了打击乐四重奏乐团，开始自己演奏，而凯奇也开始为现代舞课堂伴奏并写音乐。这些经历让凯奇变得大胆，他邀请勋伯格参加他的音乐会。或许凯奇也希望能赢得从前的老师对其音乐创新的赞赏。勋伯格不止一次礼貌地拒绝了凯奇的邀请。凯奇再次向他提出邀请，表示可以依循勋伯格的时间安排，但是勋伯格回答说："我什么时候都没时间。"[22] 凯奇明白了勋伯格的意思。

凯奇定好了下几场演出，为了尽量保持收支平衡，他从事着各种工作，包括与姨妈菲比一起在高中讲授"为表现韵律的音乐伴奏"课程。他和齐妮亚开始了向北方移居的缓慢过程。他们在旧金山逗留了一段时间，在那里遇见了作曲家卢·哈里森（Lou Harrison）。凯奇继续打击乐创作，也开始在奥克兰的密尔斯学院（Mills College）给舞者伴奏。最后凯奇在华盛顿州西雅图的考尼什学院（Cornish School）得到了一份工作，这里也是对凯奇来说最重要、最能带来灵感的地方。凯奇之所以从哈里森为他提供的几份工作中作此选择，就是因为这所学校有一大批打击乐乐器。[23]

考尼什学院的建校原则是鼓励跨学科和批判性思考，这为凯奇进行创造提供了完美环境。他来到这所学院时，舞蹈已经变得越来越重要，邦妮·伯德（Bonnie Bird）前一年只收了五名学生，但是这五人中有两人将在凯奇的艺术和个人生活中起到重要的作用，他们就是塞维拉·福特（Syvilla Fort）和梅尔塞·坎宁安（Merce Cunningham）。

凯奇在考尼什最早制作出的作品之一是钢琴独奏《变形》（*Metamorphosis*），他希望这部乐曲可以充当一张名片，表明他出自勋伯格门下。（凯奇在描述自己的作曲时几乎总是说制作

［make］而不是写作［write］。）除了在考尼什学院工作之外，凯奇还参加了西雅图艺术社团的一些活动，因此结识了一些思想前卫的人。与他们之间的交流，帮助凯奇形成了自己的现代音乐观。其中一个人是邦尼·伯德的丈夫拉尔夫·冈拉克（Ralph Gundlach），他是华盛顿大学的心理学教授。在研究音乐的情感效果时，冈拉克保留了一些供录音师使用的恒定频率测试音调的录音，他把录音借给了凯奇。而凯奇则充分利用了这些录音来拓宽自己的音乐视野。

除了音乐之外，凯奇也开始在一些出色的文章中清晰地表明自己的美学观点。他发表了《音乐的未来：信经》（*The Future of Music：Credo*），利塔·E.米勒认为发表时间是1940年——凯奇在西雅图的生活即将结束的时候。[24] 文章布局新颖（表达其理念的部分与稍长的补充说明交错，前者用小号的大写字母印刷）。在这篇文章中，凯奇以从前的导师勋伯格及其所坚持的"和声是构建音乐的基础"为目标，讨论了他当时所关注的许多问题。

现在写作音乐的方法主要是运用和声以及与之相关的声音领域的特殊步骤，对于作曲家来说，这些还远远不够，因为他们面对的将是整个声音领域。

凯奇还说，如果人们认为"音乐"这个词专指既往的和声艺术，那么我们可以用另一个术语来替代它，那就是"声音的组合"（organization of sound）。（凯奇在此借用了瓦雷兹的用语，后来瓦雷兹给凯奇发了封电报,要求他不要再使用这个术语。[25])

凯奇的社交生活日益丰富,为之增添色彩的则是他与两名来自所谓西北学校(Northwest School)的艺术家的友谊。他们是马克·托比(Mark Tobey)和莫里斯·格雷夫斯(Morris Graves)。托比的抽象风格某种程度上是在学习中文书法的过程中形成的,通过与托比的交往,凯奇开始深刻思考艺术和人生的深层关系。他记得自己先是看着托比的一幅全白的画,而后看着人行道,渐渐发现人行道与画面一样美。只是改变观看的态度,一件物体就成了值得凝神默观的对象。凯奇也曾回忆起托比教学生站在尽可能靠近画面的位置根据记忆画出静物。物理技术和视角受到了出乎意料的限制,却带来了出乎意料的全新结果。[26]

格雷夫斯无疑曾给凯奇留下了一些最为欢快的回忆。他们初次见面是在凯奇的一次音乐会上。当时格雷夫斯突然高呼:"耶稣无处不在!"他从未解释过为什么会这样做。后来,凯奇和齐妮亚与格雷夫斯住进了同一栋房子。一次,在凯奇房间中的聚会一直持续到深夜还未结束时,格雷夫斯以令人难忘的方式表示了他的不满:

> 齐妮亚从不想让聚会结束。一次,在西雅图,我们参加的聚会要结束时,她邀请还清醒的人去我们家,其中一些人是我们头天晚上才初次遇到的。于是,就在大约凌晨三点时,从我们的起居室里传出了爱尔兰男

高音的高亢歌声。住在走廊另外一个套间的莫里斯·格雷夫斯连门都没敲就进来了，他穿着一件老式睡衣，拎着个制作精美的木头鸟笼，鸟笼子的底已经被拿掉了。莫里斯·格雷夫斯径直走向男高音，把鸟笼子放到他头上，一言不发地离开了房间。这一做法的效果就像吹熄了蜡烛。屋里只剩下了齐妮亚和我两个人。

还有一次，格雷夫斯开着汽车来到一家汉堡包店。汽车上的座椅已经被撤掉了，换成了桌子和椅子，就像一个小房间一样。格雷夫斯带了一条红地毯，他把地毯从车门一直铺到餐馆前，吃完汉堡后把地毯卷好，然后开车离开了。[27]

凭借在西雅图的两年里创作的乐曲，凯奇第一次在作品中确立了个性化声音。《想象的风景第一号》（*Imaginary Landscape No.* 1，1939）使用了冈拉克借给他的录音；他把钢琴和打击乐中的击钹写进了总谱。开篇是一段试音录音，犹如鬼魅，却又纯净得不可思议，很快就是急转直下的连续的钢琴弹奏和雄浑的击钹声。接下来则是消声钢琴（muted piano）的一段独奏，钢琴师用一只手的手指敲击琴键，另一只手制止琴弦发出声音，就如同难解的独白。之后很快就是按固定间隔响起的钹声，强化了乐曲营造出的某种神秘、不可知的仪式氛围。

凯奇以其独特的作曲方法补充了《想象的风景第一号》的即兴音调。他似乎先把乐曲设计成了包含几乎等长的四个部分，并且相信，一旦他构建起了想象中的时间框架，就可以用他选择的任何声音进行"填充"。在凯奇 1939 年完成的下一部重要作品《金属结构 I》（*First Construction in Metal*）中，他扩展了这种韵律结构的理念，以使表层的乐句数量与更长的乐章数量成比例。一系列简短清晰的观点在一定程度上帮助诠释了韵律结构的含义。[28]

1940 年，凯奇用了几个月的时间与舞蹈学员塞维拉·福特一起准备六月份福特的毕业舞蹈表演《狂欢酒宴》（*Bacchanale*）。舞步设计的一些手势和姿势来自非洲传统，但是福特把原始主义的感觉与其他一些元素融合到了一起，这些元素明显与马莎·格雷厄姆的现代舞技巧相关。凯奇的音乐完美地回应了她的作品。凯奇延续了考威尔更早期的革新，在三角钢琴中插入了螺丝、螺帽、挡风雨条等各种物品，改装成他所说的"加料钢琴"。他为福特准备的加料钢琴听起来就像是非洲一种名叫马林布拉（marimbula）的木制琴箱乐器。凯奇音乐的结构和声音都与福特舞蹈的现代主义姿态相符，经常就是她的舞步的有声表达。[29] 音乐强劲的节奏标志着凯奇崭新的发自内心的悸动，并将贯穿他在整个 40 年代的创作。加料钢琴本身则成了凯奇音乐思想的某种显现，在未来的岁月里，凯奇将无数次使用他的加料钢琴。

在考尼什学院的工作结束后，凯奇继续在密尔斯学院兼职工作。实际上，他曾于 1940 年在学院短暂任教，在那里，凯奇开始努力尝试建立实验室来探索打击乐器和电子乐器的创造性使用，希望把《音乐的未来：信经》中的前卫思想变成现实，不过他在这方面的很多努力都失败了。他继续为舞蹈和打击乐音乐会创作音乐，其中特别值得一提的是他在 1941 年完成的《构造 III》（Third Construction）和《双重音乐》（Double Music）。《双重音乐》是与哈里森合作完成的。凯奇还遇到了亨利·米勒和莫霍利-纳吉这些影响他的杰出人物。

在 1941 学年，莫霍利-纳吉邀请凯奇去芝加哥，到新成立的设计学院教"声音实验"课程。凯奇和齐妮亚搬了家，并把凯奇的全套打击乐设备都搬了过去。莫霍利-纳吉对发展新的乐器很感兴趣，或许正是因为这点，他提供的教职才格外吸引凯奇。不过听课的人并不多，凯奇本想在芝加哥建立起自己的实验音乐中心，结果他的希望又落空了。

不过，其他一些事件让凯奇对未来充满信心。1942 年，他开始间或给有影响力的刊物《现代音乐》写稿。那些风趣的文章无疑增加了他在音乐专业领域的知名度。那年 3 月，他在芝加哥艺术俱乐部举行的一场音乐会引起了媒体的强烈反响，《时代》杂志为此刊登了一篇配有多幅照片的文章。5 月，哥伦比亚广播公司播出了肯尼斯·帕琴（Kenneth Patchen）的戏剧《戴着垂边软帽的城市》（The City Wears a Slouch Hat），其中包括一段凯奇的打击乐。（他原本计划在配乐中使用复杂的电子设备，但是最后不得不放弃了这种想法。）尽管节目引发了不同的回应，但是正面的评论让凯奇感到自己没有走错方向。

凯奇的旅程继续向东延伸，他来到了纽约，相信自己一定会在这里取得成功。此前在芝加哥时，凯奇遇到了超现实主义艺术家马克斯·恩斯特，恩斯特邀请凯奇和齐妮亚去他在纽约东河与佩吉·古根海姆（Peggy Guggenheim）共住的大房子。6月，凯奇夫妇决定接受他的邀请。

> 齐妮亚和我从芝加哥去纽约，我们到达纽约公交车站时，身上大约只有 25 美分……我到车站的公用电话亭，拿出 5 美分投币，拨出了电话。恩斯特接了电话，他没能听出我的声音，结果他说："你口渴吗？"我说是的。他回应道："那明天来喝鸡尾酒吧。"我走回齐妮亚身边，告诉她刚发生的事情。她建议说："再给他打一次电话吧，我们只会有所得，不会有什么损失。"我照做了，这次他说："哦，是你呀！我们都等你一周了，你们的房间准备好了，马上过来吧！"[30]

凯奇夫妇两人刚到纽约时，前途一片光明。他们遇到的名人包括安德烈·布勒东、吉普赛·罗斯·李（Gypsy Rose Lee）、皮特·蒙德里安和瓦雷兹。凯奇在考威尔入狱期间一直没有背弃他，考威尔让凯奇接替了他在"新社会研究学院"（New School for Social Research）的不定期工作。凯奇与有影响力的评论家维吉尔·汤姆森（Virgil Thomson）开始了专业领域的交往，这让凯奇很有收获。汤姆森因其创作的《三幕剧中四圣人》（*Four Saints in Three Acts*）而著名，他与凯奇同样对法国音乐和格特鲁德·斯坦因感兴趣，而汤姆森的同性恋倾向无疑也增进了他们的同志情谊。汤姆森给凯奇的帮助无法计量，他在《纽约先驱论坛报》上发表的评论对凯奇的音乐大加赞赏：

（凯奇的主题观点）出现在任何主题延长、缩短、倒置、片段和各种规则中。这些程序不会占据一篇作品并成为其主题或游戏，是因为凯奇具有作为音乐家的天赋。他写音乐的目的是为了表达，他运用的新奇音色和表达的逻辑性本身并不是目的，而是为了加强交流。他的作品代表的不仅仅是现今使用的最先进的方法，而是具有最高诗意的原创表达。[31]

汤姆森后来也帮助凯奇在 20 世纪 40 年代获得了专业奖项，并邀请凯奇写一本书来讨论汤姆森的生平和音乐。

然而不幸的是，专业发展和个人生活的双重危机正在向凯奇悄然迫近。凯奇雄心勃勃，想在现代艺术博物馆举行音乐会，这激怒了原本承诺出资把凯奇的打击乐器运到纽约的佩吉·古根海姆。她终止了原有的安排，取消了凯奇原定要在她的画廊举办的音乐会，要求凯奇和齐妮亚从她家离开。凯奇回忆说，这一突发事件让他坐在马塞尔·杜尚脚下黯然落泪，而马塞尔·杜尚安静的陪伴则神奇地给他带来了安宁。[32]

凯奇与梅尔塞·坎宁安重遇后，更严重的个人危机出现了。坎宁安此时正与马莎·格雷厄姆一起演出。从前坎宁安就对凯奇心怀好感，不过那时他只是一名天资聪颖的学生，钦慕自己最喜欢的老师。然而重新交往之后，他们发现自己在情感和身体上都受到了对方的强烈吸引。起初齐妮亚对凯奇和坎宁安的关系并未在意。实际上，当时三个人的交往都很密切。[33]但是凯奇和齐妮亚的婚姻很快就因此出现了不可弥合的裂痕。这场危机最终给凯奇的生活和艺术都带来了翻天覆地般的剧变。

注 释

1　托马斯·J. 海恩斯,《那时还不是凯奇:洛杉矶岁月,1912–1938》,收录于玛乔瑞·帕洛夫,查尔斯·江克曼编,《约翰·凯奇:作于美国》(Chicago, IL, 1994),第 81 页,第 84 页。

2　利塔·E. 米勒对两人复杂的交往进行了探究,见《亨利·考威尔和约翰·凯奇:交流和影响,1933–1945》,《美国音乐协会期刊》,LIX/1 (2006),第 47–112 页。

3　更多内容参考迈克尔·希克斯(Michael Hicks),《亨利·考威尔:波西米亚人》(*Henry Cowell, Bohemian*, Urbana, IL, 2002),第 134–43 页。

4　亨利·考威尔,《谁是在世的最伟大的作曲家?》(*Who is the Greatest Living Composer?*),《西北音乐先驱》(*Northwest Musical Herald*),7, 1933 年 3–4 月),第 7 页。

5　约瑟夫·N. 斯特劳斯(Joseph N. Straus),《美国的十二音音乐》(*Twelve-Tone Music in America*, Cambridge, 2009),第 3–20 页。斯特劳斯描述了凯奇的老师阿道尔夫·魏斯和他住在纽约时结识的沃林福德·里格(下面会讨论)的作品。

6　亨利·考威尔编,《美国作曲家论美国音乐》(*American Composers on American Music*, Stanford, CA, 1933),引自约翰·凯奇,《对位(1934)》,见理查德·科斯特拉尼茨编,《关于约翰·凯奇的作品》(*Writings about John Cage*, Ann Arbor, MI, 2004),第 15 页。

7 凯奇,《对位》,第 16-17 页。

8 莫琳·玛丽(Maureen Mary),《书信集:约翰·凯奇对保利娜·辛德勒短暂的爱,1934-1935》(*Letters*: *The Brief Love of John Cage for Pauline Schindler, 1934-1935*), *ex tempore*, VIII/1 (1996), 第 2 页。

9 迈克尔·希克斯,《凯奇跟随勋伯格学习的日子》(*Cage's Studies with Schoenberg*),《美国音乐》(*American Music*), VIII/2 (1990), 第 126 页。

10 肯尼斯·西尔弗曼,《再次开始:约翰·凯奇传记》(New York, 2010), 第 13 页。

11 玛丽,《信件》,第 4 页。

12 同上, 第 10 页。辛德勒用打字机写信并且通常使用小写字体。

13 同上, 第 11 页。

14 这段叙述的来源是希克斯著《凯奇跟随勋伯格学习的日子》, 第 127-130 页。

15 同上, 第 127;玛丽,《信件》, 第 21-22 页。

16 写给魏斯的信,引自于希克斯,《凯奇跟随勋伯格学习的日子》, 第 127 页。

17 理查德·科斯特拉尼茨编,《与凯奇交谈》(New York, 2002),第二版, 第 5 页。

18 这段话的真正出处似乎来自 1953 年耶茨写给凯奇的一封信,所提到的会面可能发生在勋伯格去世的前几年。下面的证据可供参考:希克斯,《凯奇跟随勋伯格学习的日子》,第 132-135 页。布伦特·里迪(Brent Reidy)探讨了勋伯格的神话为什么会贯穿始终并如此重要,见《我们关于发生过事情的回忆并不是发生过的事情:凯奇,隐喻和神话》(*Our Memory of What Happened is Not What Hap-*

pened：*Cage，Metaphor，and Myth*），载《美国音乐》（*American Music*），XXVII/2（2010），第 211–227 页。

19　约翰·凯奇，《从星期一开始的一年：新的演讲和作品》（Middletown, CT, 1967），第 46 页；约翰·凯奇，《沉默》（Middletown, CT, 1961），第 93 页。

20　约翰·凯奇，《沉默》，第 261 页。

21　科斯特拉尼茨编，《与凯奇交谈》，第 8 页。

22　约翰·凯奇，《自传陈述》，收录于理查德·科斯特拉尼茨编，《作家约翰·凯奇：未辑文稿》（New York, 1993），第 239 页。

23　利塔·E. 米勒，《文化交会：约翰·凯奇在西雅图，1938–1940 年》，收录于大卫·帕特森编，《约翰·凯奇：音乐，哲学和意图，1933–1950》（New York, 2002），第 50 页。我在本书所讲述的凯奇在西雅图生活时的事件发生顺序与各种细节，都要感谢这篇文章的深入探讨。

24　米勒，《文化交会》，第 54–64 页。（这篇文章收入《沉默》时凯奇声称其写作时间是 1937 年。）更正了的日期显示出凯奇最激进的观点并非完全是凭空想象出来的，而是来自与身边各种思潮细致入微的交流互动。

25　约翰·凯奇，《沉默》，第 4 页。关于瓦雷兹的逸事参考奥利维娅·马蒂斯（Olivia Mattis），《1988 年 7 月 28 日下午 4：00–5：15 与约翰·凯奇在纽约（凯奇公寓）的交谈》（*Conversation with John Cage，New York City*［*in Cage's Apartment*］，28 July 1988，4：00–5：15 pm.）（未发表），第 7 页。感谢奥利维娅·马蒂斯与我分享其手稿。

26　约翰·凯奇，《音乐时代：凯奇谈词语、艺术和音乐；约翰·凯奇与琼·雷塔莱科的谈话》（Hanover, NH, 1996），第 101 页，第 126–

127 页。

27 凯奇,《沉默》,第 271–272 页;凯奇,《从星期一开始的一年》,第
    138 页。

28 关于凯奇对于他所说的结构性节奏的运用的更详细说明,参考詹
    姆斯·普里切特,《约翰·凯奇的音乐》(*The Music of John Cage*,
    Cambridge, 1993),第 13–19 页。

29 塔玛拉·莱维茨(Tamara Levitz),《塞维拉·福特的非洲现代主义
    和约翰·凯奇的姿态音乐:〈狂欢酒宴〉的故事》(*Syvilla Fort's Af-*
    rican Modernism and John Cage's Gestic Music:The Story of Bac-
    chanale),载《南大西洋季刊》(*South Atlantic Quarterly*),CIV/1
    (2005),第 123–149 页。

30 凯奇,《沉默》,第 12 页。

31 维吉尔·汤姆森,《表现性的打击乐》(*Expressive Percussion*),收录
    于理查德·科斯特拉尼茨编,《约翰·凯奇选集》(New York,
    1991),第 72 页。评论发表于 1945 年 1 月 22 日。

32 理查德·科斯特拉尼茨编,《与凯奇交谈》,第 12 页。

33 海恩斯,《那时还不是凯奇》,第 99 页。

第三章

独 立

  凯奇在纽约的早期经历既给他带来失落沮丧,也带来欢欣雀跃。然而他很快就遇到了最大的危机,不仅内心感到惶惑,而且对艺术和艺术家之作用的根本信念也开始出现了动摇。那些伴随他度过这一关键时期的独特事件,使他的人生观和美学观发生了深刻变化。在此后的十年时间里,凯奇将锻造出全新的自我,而那也是人们如今最为熟知的凯奇。

  凯奇在 1942 年重遇梅尔塞·坎宁安之后,与齐妮亚的婚姻状况便逐步恶化。坎宁安来到纽约,准备加入马莎·格雷厄姆的舞蹈队。凯奇不仅与坎宁安一起演出,还积极鼓励这位年轻舞者独立发展。这就引发了一系列合作,由此产生的一类舞蹈演出固然受到了格雷厄姆的影响,但是使之成型的更主要因素则是凯奇音乐的铿锵旋律,坎宁安更富有激情和艺术性的舞步,最终则是两人各自独立的艺术追求所营造出的对比效果。

  坎宁安和约瑟夫·坎贝尔(Joseph Campbell)的妻子琼·厄

梅尔塞·坎宁安和约翰·凯奇,约 1958 年

尔德曼(Jean Erdman)的双人舞《我们的信条》(*Credo in Us*,1942)是具有代表性的作品。(坎贝尔是 1932 年在西海岸遇到齐妮亚的。在这段时间里他邀请凯奇和齐妮亚住在他家,两对夫妇成了好朋友。)舞蹈的音乐混合了凯奇受到原始艺术启发的打击乐以及更具中产阶级特色的音乐制作元素:一个表演者播放古典音乐唱片(特别是贝多芬和柴可夫斯基音乐的唱片),或者只是收音机随机播出的任意音乐;延长的钢琴独奏插曲与

爵士乐、布基伍基①乐曲和伪牛仔信手弹出的音符轻快肆意地混合在一起。总的来说，《信条》对美国文化及其过分膨胀的乐观提出了讽刺性的批评。

凯奇发现自己越来越受到梅尔塞·坎宁安的吸引。这不仅偏离了原本舒适的婚姻生活，而且这段新的亲密关系正驰骋在以感情为终点的轨道上。凯奇与坎宁安的结合——凯奇在其中找到了创造力与性爱的表达——并无实际的范例，他的同性伙伴通常代表着温文精巧的艺术表现形式，特别是维吉尔·汤姆森。汤姆森写的音乐风趣、温和，但是极有节制，甚或还有些拘谨，这并不出人意料。而凯奇更喜欢有爆发力的、近乎异端的节奏；与此相对照的则是，他对舞蹈音乐的投入毫不掩饰地表现出了他对于身体的敏感。

尽管凯奇开始了与坎宁安长达一生的伴侣关系，但是在刚刚陷入这段感情时，他感到非常痛苦不安。这种痛苦在他当时创作的不同作品中得到了表露。在分为五个乐章的大型加料钢琴曲《险恶之夜》（*The Perilous Night*，1943）中，最撕心裂肺的呼号出现在节奏更快的乐章中，旋律里充斥着歉疚和懊恼的情绪。凯奇说这描述了由一段渐行渐远的关系带来的悲伤。凯奇和齐妮亚在1944年分手了。他在同年完成的《四面墙》（*Four Walls*）是由（常规）钢琴独奏的和声小调，这曲冗长而沉重的挽歌持续了大约一小时，中间部分是令人心悸的独唱。曲子是为

---

① boogie-woogie，源于美国非裔族群、流行于20世纪20年代的舞曲，适用于钢琴、吉他和乐队等多种演奏形式。

坎宁安的所谓"舞蹈剧"(dance drama)写的,它引起了一对已婚夫妇的心理崩溃。

　　一段时间里,作曲家一直运用音乐表达他们生活中的困难。这些问题当然不可能总是清晰易辨。贝多芬重新投身音乐创作,凸显了他自己的失聪遭遇和由此产生的绝望。在他的音乐中强烈迸发的情感一再证明了这种关联,那是恐惧、沉迷、愤怒或爱的交错登场。

　　到了凯奇此次情感波动的中期,音乐已经无法成为他自我表达和舒畅心情的源泉。涌动着激情的音乐原本肯定是在表达他的感受,或许他也希望能够唤起听众的共鸣,然而这些音乐飘到浅薄的评论者耳朵里,引发的只是一片惊异之声,这令凯奇感到失望。就《险恶之夜》而言,评论者过分关注加料钢琴不寻常的声音效果,根本不会向深处去探究音乐表层之下的内容。他们把这部作品比作"教堂钟楼上的啄木鸟"发出的声音,这又让凯奇情何以堪。[1]

　　凯奇需要找到抚平内心创痛的其他办法。1945 年,他与齐妮亚离婚了。两人友好分手,而此后凯奇给齐妮亚的通信大多只是简短的便条和一张支付赡养费的支票。凯奇搬到了曼哈顿下东城的公寓,他与坎宁安的关系继续发展,但是到 1970 年后开始分居。凯奇在 1946 年求助于心理咨询,不过心理医生未能为他提出解决方案。相反,凯奇发现自己对东方哲学注重精神的教义越来越感兴趣。从这些哲学思想中,凯奇找到了在人生道路上继续前行、在艺术领域继续探索的途径。他对印度美学家阿兰达·考马拉斯瓦米(Ananda Coomaraswamy)的解读有些随心所欲。凯奇声称,艺术的目的在于"模仿自然本身运作的方式"。后来,凯奇与吉塔·萨拉伯海互相学习时,在萨拉伯海的帮助下,他了解到了印度美学及其表现方式,尤其是所谓的恒久的情感——英雄气概、情色、美妙、欢乐、悲伤、恐惧、憎恨,还有安宁,其他一切都自然地归终于此。这一时期凯奇最重要的作品包括《加料钢琴奏鸣曲与间奏曲》(*Sonatas and Interludes for Prepared Piano*,1946–1948)、《季节》(*The Seasons*,1947)和《弦乐四重奏》(1949),凯奇想要通过这些音乐之声来再现这些情感。[2]

《奏鸣曲与间奏曲》格外富于表现力。主导第一奏鸣曲的是一种严肃的、几乎属于僧侣的音调。在这之后表现的是一系列迥异的情绪之旅,戏谑的、充满情欲的、狂野的情绪交错出现,在极端含蓄的奏鸣曲 13/14 和最后的奏鸣曲 16 中,所有的情绪达到了巅峰,奏鸣曲 16 听起来像是现实中从遥远的地方传来的八音盒的悠然鸣响。不过,《奏鸣曲与间奏曲》完全中立的内在本质却是令人困惑的。

这种宁静也可以与凯奇对美的纯粹关注联系在一起,他渴望建立起一种时间结构,可以容许非常规的声音成为音乐素材。从更广的意义上看,凯奇偏爱的是法国音乐中更加澄明、转瞬即逝的感情,而不是德国音乐的雄伟恢弘和激情澎湃。不过另外一种可能是凯奇无法赞同当时人们狂傲自负的表达方式,因此创作了《奏鸣曲与间奏曲》——他发表了一篇反对和声的长篇评论,奥利维埃·梅西安就是文章中所批评的当代作曲家的代表,他的《图伦迦利拉交响曲》(*Turangalîla-Symphonie*)

近期在美国首演。凯奇通过《奏鸣曲与间奏曲》表达了他的失落，因为他的忧虑及其在音乐中的表现总是被默认为轻率随意。

1948 年,凯奇短暂访问了北卡罗来纳州阿什维尔的黑山学院。1939 年时他曾申请去那里任教,但是没有成功。这所不寻常的学院允许学生自己设计课程表,不设置考试,不做最后的成绩评定,对艺术非常重视。此外,学生和教师都要出力维护学校设施、耕种土地,并且民主地共同决定有关学校管理和发展的事务。很多教工和校友都表示,黑山学院提前实现了 60 年代更自由的、反主流文化的态度。同样可引起争议的是,学院的民主前提基于这样一种假设:学生和老师具有类似的世界观,因此这样的自治就成为可能。不过在实践中,由于对各种问题缺乏共识,学院的人员会分成不同派系,有时甚至会达到意识形态上的彻底决裂。

凯奇最初在这所学院停留了六天,那是在 4 月初,属于他为坎宁安组织安排的巡回演出的一部分。[3] 凯奇的黑山之行恰逢该学院发展的最佳时机,重要教职人员的流动造成了音乐活动缩减,人们开始对发展现代舞感兴趣。除了与坎宁安一起演出之外,凯奇还进行了《奏鸣曲与间奏曲》的首演,在那之前一个月他刚刚完成这部作品。凯奇富有传奇色彩的才华和魅力,吸引了院方群体的注意。凯奇相信,艺术可以整合艺术创造者的个性,并进而把演奏者和听众的个性融为一体,这种整体哲学与黑山学院的精神如出一辙。他和坎宁安获得的演出报酬仅仅是免费食宿,不过凯奇后来也愉快地回忆说,黑山学院在他们离开前额外赠给了他们一些食品和艺术品。

在黑山学院的初次演出获得成功后,经过协商,凯奇在1948年的夏季学期到那里教一门音乐结构课,每周两次课。不过到了这时,音乐系的一位老师,羽管键琴演奏者、钢琴家欧文·柏德吉(Erwin Bodky)已经回到黑山学院,期望能重振音乐系雄风。柏德吉教授的课程包括钢琴艺术和贝多芬的钢琴奏鸣曲,他对凯奇绝对现代的观点感到不满。此外,凯奇接受的是艺术系的邀请,而且是通过包豪斯艺术家约瑟夫·亚伯斯的介绍,因此从严格意义上讲,凯奇根本不是音乐系的正式成员,这就让问题更加复杂。

凯奇本人则有意以非精英的方式行事,他的做法更激化了这种矛盾。或许受到了柏德吉的那些彻底古典主义(通常是德国音乐)的独奏会的刺激,凯奇组织了被他称为埃里克·萨蒂节(Amateur Festival of the Music of Erik Satie)的活动,这是每个星期一、星期三和星期五晚上举行的一系列半小时音乐会,地点有时就在凯奇简陋的住所中。他还发表了引起争论的讲演"为萨蒂辩护",并在其中声称,贝多芬对和声与修饰的强调使西方音乐的发展偏离了健康的轨道,实际上几乎毁掉了西方音乐。[4]

人们对于这场论战的回忆各自不同。有人回忆说不同的观点并没有引起多少反响,有人则认为这是对权威和传统的全面开战。毫无疑问,它所指向的裂痕,不仅存在于德国美学与法国美学之间,也存在于学术的、专业的音乐团体与凯奇所说的未经专业训练的方法之间。凯奇所代表的群体拒绝承认悠久传统的智慧,认为人们在认真探讨新音乐的创造时,也可以选择与学院的方法截然不同的路径,这些观点在当时看来是不可想象的。(凯奇适时地淡化了他在这些情况下拥护其出身背景的倾向。)

1948 年,凯奇也结识了 M. C. 理查兹(M. C. Richards),这位出色的作家和艺术家也是凯奇创作圈子里最重要的女性之一。理查兹把安托南·阿尔托(Antonin Artaud)开创性的《剧场及其复相》(*The Theatre and Its Double*,1938;纽约,1958)翻译成了英文,凯奇后来说这一文本对他形成自己的表演观和艺术观起到了根本作用。他也遇到了学生保罗和维拉·威廉姆斯(Vera Williams),他们后来帮助凯奇完成了电子音乐《威廉姆斯混合音》(*Williams Mix*,1952)的录制。或许更重要的是,他们在纽约的斯托尼波恩特(Stony Point)建起了盖特希尔互助社区,凯奇在 1954 年搬到那里居住。

凯奇在国内的名气越来越大,其他个人成就也随之而来。他获得了古根海姆奖和美国艺术暨文学学会颁发的奖项,获得的奖金足够他到欧洲游历。他在巴黎与古根海姆一起演出,研究萨蒂的作品,并为梅西安的私人作曲课演奏《奏鸣曲与间奏曲》。在意大利,他参加并评论了第 23 届国际现代音乐协会(ISCM)音乐节和第一届十二音体系音乐大会,这些专业活动加深了凯奇对现代音乐的认识,也让他意识到自己在国际社会中越来越高的名望。

凯奇也主动结识了皮埃尔·布列兹(Pierre Boulez)。两人相遇时,恰好都处于对一种在音乐中回避主体性的方法感兴趣

大卫·都铎,20 世纪 50 年代

的阶段。布列兹采取了反 19 世纪音乐传统的立场,他把自己的
作曲活动描述为一种研究。凯奇在创作时倾向于把音乐界定为
振幅、时长等客观的、可量化的成分,这也符合布列兹偏重科学
的心态。实际上,凯奇后来就把自己的音乐描述成实验性音
乐,其效果无法预先得知。

　　凯奇还帮助这位年轻作曲家找出版商出版其早期的音乐作
品,从而使他在国际上获得了最初的承认,特别是激进的第二
钢琴奏鸣曲。两人分开之后还保持着频繁的书信往来。凯奇不
断为布列兹创造专业上的机遇。他甚至帮助促成了布列兹的奏

鸣曲在美国的首演，演奏者最后确定为大卫·都铎。凯奇是在之前的作品演出时认识都铎的，当时都铎是琼·厄尔德曼的伴奏者，这位非凡的钢琴家和作曲家之后将凭借其才能成为凯奇音乐的演奏者。

凯奇经常评论说，布列兹对音乐的看法充满新意，对他很有帮助，不过他们的友谊并非止于专业层面，而是充满友爱的：

> 我亲爱的皮埃尔，
>
> 　　你的信刚刚送到家里。我形容不出收到信的喜悦之情。没有你的消息就等于没有音乐的消息，你知道我全心全意爱着音乐。[5]

这封信也显示出，对于主体在音乐中的作用，两位作曲家的看法有本质上不同。布列兹的音乐体现出了对 19 世纪音乐的反对和敌意，而凯奇的音乐总是暗示着节制，不过绝不是完全否定表现。

凯奇也适时地结交了其他美国朋友，他们深受凯奇影响，同时也深深影响了凯奇。1950 年 1 月 26 日，跟随沃林福德·里格和斯蒂芬·沃尔普学习作曲的莫顿·费尔德曼（Morton Feldman）在听过纽约爱乐乐团的音乐会离开时遇到了凯奇。两人都是去听韦伯恩的交响乐的，听众们对韦伯恩的作品却报以一片恶意的倒彩声，两人也都不喜欢随后平淡的演奏。（音乐会上演奏的曲目包括贝多芬的"皇帝"协奏曲和拉赫玛尼诺夫的《交响舞曲》。）

莫顿·费尔德曼和约翰·凯奇,20 世纪 50 年代

费尔德曼所写的音乐正是凯奇所欣赏的。他的创作毫不费力,似乎全凭纯粹的直觉,这让凯奇惊叹。这位年轻的作曲家很快就搬到了门罗格兰德街可以俯瞰东河的房子里,成了凯奇的邻居。他记得在深夜里与凯奇的长谈,也记得白天在酒吧中与视觉艺术家们的交流,在"(他们)生命中的五年时光里",每晚都会聊天。[6]费尔德曼心无旁骛地进行音乐创作,成了凯奇同时代最著名的年轻作曲家,新音乐创作者培养出的创作者,有人认为他超越了自己的导师。

不久之后,凯奇开始指点一个名叫克里斯蒂安·沃尔夫(Christian Wolff)的 16 岁少年。沃尔夫的父亲是个出版商,主管普林斯顿大学出版社的波林根丛书(Bollingen Series)。沃尔夫是免费跟随凯奇学习的,所以他把父亲出版社的一些书送给了凯奇。1951年4月凯奇与坎宁安到美国西部巡回演出期间，聚拢在凯奇周围的人越来越多。在那里，凯奇遇到了厄尔·布朗(Earle Brown)及其妻子卡罗琳。卡罗琳加入了坎宁安的舞蹈队，身为作曲家的厄尔·布朗则与凯奇建立起了密切的联系，进而又与都铎、费尔德曼及沃尔夫结识。渐渐地这五位作曲家开始被人们称为纽约实验音乐学派。

在此期间发生的最重要的事件之一，就是凯奇接触到了日本学者铃木大拙(Daisetsu Teitaro Suzuki)。铃木大拙认定自己的任务是让西方彻底了解东方哲学，尤其是禅宗思想。为了达到目的，他在写作中经常对西方理论进行观照，因此得以与他那些具有自身目标的听众建立起有意义的联系。

我们并不知道凯奇最初是在何时知道铃木大拙的。(他在50年代曾一本接一本地卖光了自己的藏书。)英国哲学家艾伦·瓦兹(Alan Watts)早期的作品或许可以提供线索，不过迄今为止研究凯奇的人还没有就此进行过论述。在1948年出版的小册子中，瓦兹引述了铃木大拙的重要性，并参考了铃木大拙的作品和黄檗的《传心法要》(*Huang-Po Doctrine of Universal Mind*)，凯奇称后者对自己具有重要影响。[7]

凯奇无疑了解瓦兹参考的书，因为他在《关于无的演讲》(*Lecture on Nothing*，约1949–1950)里借用了其中的一段文字。在这篇演讲文本中，凯奇第一次提出希望参考禅宗的意象和主题以形成自己的美学观点。瓦兹的原始引文提到了禅宗矛盾地采取了"佛教的标准结构"："纯粹的生命对自我的表达在结构之内,通过结构表现。没有结构的生命是不可见的;是未经展现的绝对。但是没有生命的结构属于死亡,宗教中有太多这样没有生命的东西。"凯奇则修改了瓦兹的引文,把它加到了演讲的长文中,用来讨论"结构"。不过在这一语境中,结构指的是作品整体,是一篇音乐的整体,或者说是"关于无的演讲"本身,该整体由一系列更小的组成部分凝聚而成。"结构没有生命就死气沉沉。但是生命没有结构就不可见。纯粹的生命对自我的表达是在结构之内并通过结构完成的。每一刻都是绝对的,鲜活而重要。"[8] 或许凯奇是在与约瑟夫·坎贝尔的不断交流中接触到这一文本的,坎贝尔的藏书中就有这本书。不管怎样,凯奇很快就把铃木大拙视为最重要的禅宗权威人物。到了1950年年初,凯奇曾经在给布列兹的一封信中提到,铃木大拙的作品即将再版。[9]

不论凯奇何时接触到铃木大拙的观点,他与铃木大拙影响深远的实际交往都是个谜。凯奇声称在20世纪40年代末开始跟随铃木大拙学习了两三年,然而实际上铃木大拙是在1950年夏末才来到美国,直到1951年3月才在哥伦比亚大学做了第一场讲演。他最早正式授课是在1952年春天,旁听的人证实凯奇听了这门课和秋季的另一门课程。[10]

凯奇很在意自己作为艺术家的身份,经常提起一些知名人物来证明自己。比如说,他几乎把跟随阿诺德·勋伯格学习的经历神化了。铃木大拙所给予凯奇的教导,似乎勋伯格在30年代末和40年代初期早已给过:帮助凯奇创造新的美学观念,并为凯奇自己演绎的故事增添更多的名望和权威性——不仅运用了凯奇早期经常称赞的多元文化时尚，而且也带来了截然不同的结果。

铃木大拙的论述触及了凯奇在其他语境下已经谈到过的主题。其中可以肯定的一点就是对于恢弘壮丽和华美修饰的看似矛盾的摒弃。像贝多芬那种对自我的充分表达，是令凯奇反感的。但是音乐如果不是艺术家思想的自我表达，又能是什么呢？铃木大拙说，自我在拥抱那些带来愉悦的事物、抛弃其他事物时，整体上就与世界经验分离开来。因此，要理解存在的整体性，就必须摒弃自己的判断。[11]

这位哲学家对事物及其关系的描述尤为重要。凯奇回忆说：

> 去年冬天在哥伦比亚的演讲中，铃木大拙博士谈到东西方人的思维是有差异的。欧洲的思维中事物都互为因果关系，而在东方的思维中，因果关系并未得到重视，人们更倾向于鉴定此时此地发生的事情。然后，他说到两个特性：畅通无阻和互相贯通。畅通无阻意味着空间里的每个人和每一事物都处在中心，而且每个在中心的，都是最令人敬重的事物。互相贯通意味着，每个最令人敬重的事物都在朝各个方向移动，它们相互渗透（它们渗透到他物，也被他物渗透），无论处在什么时间或什么空间。所以，如果有人说，世上没有因果联系，他的意思是，世上有多得数不清的无穷无尽的因果联系，事实上，在所有的时空中任何一个事物都

与时空中的其他事物相互联系着。因此没有必要按照二元论的话语——例如成功与失败，美好与丑陋，善良与邪恶——来小心翼翼地进行，我们只需"不要犹疑"地行走。引用埃克哈特大师的话："我是对的，或者我某些方面做错了。"[12]①

凯奇从未特别引用过铃木大拙的作品，尽管他提到铃木大拙曾向他推荐阅读庄子的书，在《沉默》中也可以找到他对这位道家思想者的作品的引用。此外，文献证据足以说明凯奇对一篇文本的推崇，那就是《传心法要》，是由 Chu Ch'an（John Blofeld）翻译，伦敦佛教协会1947年出版的。实际上，这本书是极其简洁的禅宗教义入门书。书中的指导是模糊不清的，因为禅宗的要义之一就是"不可说"。但是词语和音乐一样，可以帮助人们接近思想和感觉，尽管它们最终是无法完全从一个人传达给另一个人的。

首先，禅宗要求老师和弟子之间无须言说就可以互相理解，理解的目的是领悟本心，而本心是一种不可触及的存在，一切有感觉的生物都具有本心，但是本心又无法描述或衡量。譬如，有人说"自性本清净"，这就意味着存在某种不纯净的东西。如果将之描述为无限的，那么这种说法就意味着存在有限的东西。因此感官了解到的各种事物，包括情感、思想观念、生理需

① 这段引文出自《沉默》中《作为过程的作曲》一文，原书以特殊的格式排列，参见漓江出版社2013年版《沉默》第61-62页，李静滢译。

求乃至个体的存在感，都只是短暂的现象，不具有整体的重要性。但是忽视这些现象，或者不思考、不感受、不吃东西，都不能带来禅宗的顿悟。参与到这些活动中，但是对此既不沉迷也不排斥，才有可能达到顿悟。布洛菲尔德在附注中解释说，这种既非此亦非彼的思维模式不具有激情，但也绝不是冷淡无情或漠不关心。

能够这样回应周围现象的人就会意识到，本心并非指要去直接寻找的某种东西。正如据信为《传心法要》作者的黄檗希运大师所说：

> 如力士迷额内珠。向外求觅。周行十方终不能
> 得。智者指之。当时自见本珠如故。[13]

因此，顿悟是突然发生的大彻大悟，它是一种事后思虑，好作品的出现非一时之功，沉思或苦心研读文本也是一样。这些活动有其意义，但是就和呼吸或刷牙一样，只是达到目的的手段，只是你所做的事情。从这一重要意义上看，顿悟没有什么魔力，而这反过来也会证明禅宗不同于凯奇之前所接受的类似神秘主义的、奇异的艺术观——中世纪的基督教神学家、神秘主义者埃克哈特大师的作品就曾影响了他的这种艺术观的形成。从这之后，凯奇的审美体验转为充满日常生活中的欣悦和对事物的非物化，并把行为视作最重要的创造活动。

在格兰德街居住时，另有一个因素对凯奇新形成的美学观念产生了关键影响。为了感谢凯奇给他讲课，沃尔夫送给凯奇

一本英文版的《易经》(*Book of Changes*,普林斯顿,1950 年版),那时凯奇正在完成他的《加料钢琴与室内管弦乐队协奏曲》(*Concerto for Prepared Piano and Chamber Orchestra*, 1950 – 1951)。

这本古老的东方著作分别论述了关于存在的 64 种不同状态,每种状态都由一个卦象表征,每个卦象由六条或为实线或为虚线的线条构成,实线代表阳爻,虚线代表阴爻,64 种状态总在流动变化。每种卦象提供的都只是世界短暂状态的"快照",各种状态总在不停变易。对卦象的解释可供那些用这本书占卜的人参考。

借用《易经》方法占卜的人可以先默想自己要问的问题,然后把三枚双面硬币抛掷六次。每次掷出硬币的结果都代表着实线或虚线。比如说,如果硬币的文面两次朝上,头像面一次朝上,就代表着一条实线,即阳爻;两次头像面朝上,一次文面朝上,就代表着虚线,即阴爻。按照掷硬币的结果由下向上依次记下不同的线条,以此构成一个卦象。

三次头像面朝上或三次文面朝上,代表着变动着的 64 种状态在本质上更细微的差异,所谓的变爻意味着向相反状态转化的过程已经开始。因此,三次文面朝上与一个已经要转化为阴爻的阳爻对应,而三次头像面朝上就代表着一个即将转化为阳爻的阴爻。如果用快照进行比喻,那么一个没有变爻的卦象就好比暂时静止的汽车的照片,有变爻的卦象就好比运动中的汽车的照片。如果掷硬币者得到的卦象是一个或更多的变爻,那么就要按变爻的相反状态重新画一个卦象,继续占卜。这种情况下,对于要问的问题的解答指向两个特殊的卦象。

凯奇曾承认,有一个时期,他在遇到问题时经常会用《易经》占卜。[14] 不过在作曲中他把《易经》当成了随机数字生成器,这样写音乐就不再是传统意义上作曲家头脑中形成的某些声音的表达。凯奇首先为乐曲设计出一系列复杂的问题,囊括了从最普遍到最具体的方方面面。对于每个问题,他都会给出几个可能的回答,每个都与《易经》64 卦象中的一个卦象序数对应。设计好这些问题之后,凯奇会把三枚硬币投掷六次得出卦象,这样就不会对每个问题的解答产生直接的影响。此时凯奇就当年勋伯格在对位课上提的问题给出了回答,并将之运用到了新的情况中。他的答案就是:作曲方案的原则要根据所问的问题而定。

凯奇对禅宗的兴趣让他的生活和思想发生了巨大变化。他采取的方法使他在作曲中渐渐放弃了自己的喜好。《加料钢琴与室内管弦乐队协奏曲》就代表了凯奇新的美学取向。

在这一协奏曲中,凯奇已经开始消解自己对乐曲的主观干预。他把预先设计的素材用图表排列,通过像下棋一样在图表的不同方格中移动来决定这些素材在乐曲中的时长,由此得出对声音和连续性的不同寻常的安排。对于最后的乐章,凯奇运用《易经》得出符合这些移动步骤的数字,进一步把自己的作用屏蔽在作曲过程之外。

这首协奏曲的表达形态或许比凯奇使用的作曲技巧更加明显。他把乐曲想象为钢琴和管弦乐队之间的对抗,这与浪漫主义的钢琴协奏曲传统不同。在那些乐曲中,钢琴被塑造成英雄,有时与管弦乐队相冲突,有时则鼓舞乐队;而在凯奇的协奏曲中,冲突发生在钢琴的自我表达、狂想的内部属性,与管弦乐队空白、被动的存在之间。管弦乐队不再代表与钢琴的个性相反的残酷力量,而是仿佛一位禅宗大师通过混杂了悖论、废话和偶尔棒喝的方式在指导弟子。随着协奏曲的展开,钢琴渐渐抛掉了华丽的形式和即兴的曲调,直到在最后的乐章中,钢琴和管弦乐最终达到协调一致。

钢琴和管弦乐队之间的一致尤其表现在二者都停止演奏的持续篇章中。这里沉默不是表达戏剧性的停顿或间隔的手段,而是通向主题意义的方法。沉默代表了目标的一致,或钢琴和管弦乐之间的契合,同时也把观众带入了契合过程。沉默由此成为通往日常现实的一扇窗,在乐章中时而开启时而关闭。在沉默中,听众会注意到演奏厅里的声音,它们与凯奇自己想象出的声音毫无关系。贯穿凯奇之前诸多作品中的激越节奏消失了。节奏冲击力的缺席,也会让音乐的表达和表现形式变得平和,使之成为某种陌生的、神秘的东西。

即使如此,倘若认为凯奇接受禅宗意味着他的音乐具有某种超凡的、属于另一个世界的敏感,那你就错了。因为在禅宗观念中,人若放下激情、欲望以及无止尽的执著,就会意识到日常生活**就是**启示本身,由此才会达到突然顿悟。因此这种音乐什么都没有摒除。凯奇在第一部完整的偶然音乐作品《变化之乐》(*Music of Changes*)中,表达了"每一事物"可能具有的无限意义所带来的欣喜。这部作品的创作也运用了不同图表,其中有表示节奏的、表示音高的、表示力度变化和衔接的,以及表示可以叠加多少音乐层级的。《易经》决定了这些图表中的每个方面如何与其他方面相互作用，从而创造出最终的作品。通过这种方式，这一狂热的动态艺术作品回应了布列兹的第二钢琴奏鸣曲所表达出的不安和激进。在创作这部乐曲期间，凯奇和布列兹交往密切，他们对于声音的世界和姿态有某些相同的看法。布列兹的观念体现在令人不安的《结构》中，这部架构严谨的乐曲在创作前已经确定好了结构，几乎可以说这部乐曲是自己谱成的，它引导着作曲者在创作过程中寻找更加灵活的具有创造性的介入。与此相反的是，凯奇感到《变化之乐》的预设体系让他的地位降格为秘书，需要做的只是尽职地完成指派给他的任务，但是最终结果却仍不能让他感到满意。他自己后来把这部作品比作科幻小说中的科学怪人弗兰肯斯坦[15]——与其说怪物控制了创造者，不如说怪物无法友好地与人共处，无法与周遭世界交流互动。

凯奇的同行和评论家们很快就发现，凯奇主张的随机创作越来越难以得到人们的支持。到了 1951 年 5 月，布列兹已经在通信中表示这种做法遇到了困难。他仍然友好地支持凯奇的音乐，但是也承认自己对费尔德曼和沃尔夫的音乐不感兴趣。在12 月，布列兹尽管称赞凯奇在《变化之乐》中体现出的前进方向，但是也提出了异议：

原谅我的坦白，我只对一点感到不满，那就是绝对随机的创作方法（即投掷硬币）。相反，我认为随机必须得到绝对的控制……我认为有可能指引随机自动操作的现象……我无法信任这种并非绝对必要的方法。[16]

大约在这个时期,凯奇的创作以不同的方式在不同程度上反映出了禅宗思想。他保留了印度哲学中与他的美学观念相呼应的元素。比如说,尽管禅宗不会承认二元性的概念,但是凯奇仍然坚持从吉塔·萨拉伯海那里获得的观点,认为艺术应该让头脑清醒,让心灵安宁,从而使之易于接受神圣力量的影响。同时借鉴的还有其他内容,例如埃克哈特大师和心灵的宁静。无论如何,凯奇的文章开始反映出禅宗在他的美学观念中的重要地位。

在《关于无的演讲》中,凯奇开始谈到"无"的概念,这与禅宗或道家思想中的"虚无"如出一辙,就如他那句经典的"我无话可说,而我正在说它,那正是诗,就像我需要它"。他说过反对拥有任何事物,包括声响、音乐等等,这样的说法与禅宗的"不执"原则极其一致。但是凯奇没有放弃音乐中时间结构的概念,这就背离了黄檗所主张的顿悟。与此相反,凯奇强调的是不断进步、没有止境的观念:

> 现在我们这次谈话的第四大部分稍微进行了一点。我们越来越感觉到我哪里都不会抵达。慢慢地,随着讲话的继续,慢慢地,我们感觉到我们哪里都不会抵达。那是一种愉悦它将持续。如果我们感到懊恼,它就不是愉悦,没有什么不是愉悦如果一个人感到懊恼,但是突然,它成了愉悦,而后就越来越不让人懊恼

（而后慢慢地越来越是这样）。起初我们哪里都不在；现在，我们，又一次拥有愉悦，因为慢慢地不再属于任何地方。如果有人想睡觉，那就让他睡吧。我们现在位于这次讲话的第四大部分第三章的开始部分。我越来越感到我们哪里都不会抵达。[17]①

只有在《关于有的演讲》（*Lecture on Something*，约 1950 年）中，凯奇才开始探索非二元性在他的美学中的含义："重要的问题是那亦美亦丑的东西是什么，亦善亦恶，亦真亦幻的是什么。"[18] 凯奇把评论费尔德曼的音乐作为出发点，主张接受那种能够包容一切已发生的事物的音乐，而无须寻找单一的包罗一切的描述方案。

1948 年之后，凯奇在黑山学院的影响力持续扩大，他在 1952 年 8 月的第二次黑山之行已足以证明，遑论其他。凯奇的《弦乐四重奏》1950 年在黑山学院首演。在那些年里都铎一直与梅尔塞·坎宁安一起教学生并共事，他在该学院演奏了《变化之乐》。

凯奇这次到黑山学院只逗留了一个月，虽然没有授课，但是他在这期间的活动对学生的影响甚至比授课更大，也更多地影响到了他自己的未来。他彻夜阅读黄檗的《传心法要》，这尤其反映出他对新的美学思想的投入。他所接受的禅宗思想也表现

---

① 参见漓江出版社 2013 年版《沉默》第 159-160 页。

在《黑山篇章》(*Black Mountain Piece*, 1952)中,这一活动在某种程度上是对阿尔托的回应;阿尔托认为,包括手势、灯光、文本和设计在内的所有演出成分同等重要。《黑山篇章》只演出了一次。这一融汇了各种表演的事件意味着人们需要将之理解为艺术整体。凯奇背诵了《人权法案》、《独立宣言》和埃克哈特大师的一篇演讲。坎宁安表演了舞蹈(一条狗还突然跑上了舞台)。M. C. 理查兹和查尔斯·奥尔森(Charles Olson)朗诵了诗歌。凯奇之前在纽约结识的艺术家劳申伯格用一台老式留声机播放了他的老唱片,并展示了他的绘画——画面上一片纯白,没有描绘出任何物体。听众坐在演出场所中央,表演者就在他们周围表演,从而进一步改变了通常存在的表演者高于观众的感觉,也消解了观众关注的焦点。

在《变化之乐》之后,凯奇很快就完成了一部迥然不同的作品,也是他最著名最有争议的作品,《4 分 33 秒》(1952)。就像之前他所有的作品一样,《4 分 33 秒》包括了一个接一个的乐句的创作,直到作品结束;所不同的是,这里的每一个乐句都是沉默的。凯奇实际上是在无声的节奏中架构起了这部作品,把沉默的片段连接到一起构成了一个整体。乐曲的名称只不过是描述了乐曲总时长的分秒数,毫无有诗意的标题,没有任何内容的暗示或美感。

1952 年 8 月 29 日,《4 分 33 秒》在纽约伍德斯托克首演,现场观众的困惑可想而知。我们被请来听一首音乐作品,但是却什么也没听到! 凯奇是不是在用极端达达主义的笑话戏弄我们?"伍德斯托克的乡亲们啊,我们把这帮家伙赶跑吧!"有人喊道。[19]

不过这部作品中当然也有声音,那是些非常轻微的声音:空气的流动声、观众的呼吸声、人们坐在椅子上不耐烦地晃动身体时发出的摩擦声、椅子的吱嘎声。室外恰好雷声隆隆大雨滂沱,仿似上天的安排。凯奇终于找到了办法,让声音可以顺其自然地存在,既不用受作曲家的想象干预,也摆脱了如同巴甫洛夫的条件反射一样规约着听众的音乐史的束缚。

凯奇承认,他是受到了劳申伯格的白色绘画的启发,才大胆地想要创作《4分33秒》的。不过劳申伯格的画布本身就是物体,艺术家决定用没有图案没有形象的单一颜色覆盖画布表面,从而赋予了画布新的存在。表演者假装在演奏的无声乐曲,或许是人们能想象得出的最接近劳申伯格白色绘画的事物了。不过与其说凯奇创造出了这一无声乐曲,不如说是框住了变动不安的日常生活。

当然,这是很难重复的极端做法。凯奇知道,他必须信守对勋伯格的承诺,继续写音乐。但是他怎么能在这样做的同时仍然宣扬《4分33秒》的不同寻常的发现呢?对此的回答来自新的记谱法和演奏者新的自由,他感到这份礼物可以让演奏者脱离自身的好恶和偏见,按照观众体验《4分33秒》演奏时自然出现的声音和周遭环境的方式来体验各种声音。

《钢琴曲4-19》(*Music for Piano 4-19*,1954)把偶然音乐的概念扩展到了新的层面。演奏者要自己选择节拍和页码的次序,甚至可以决定省略或添加哪些音。因此这样的音乐在每次演出时都可能呈现不同的面貌。凯奇称之为不确定音乐,从而将之与《变化之乐》等随机创作的乐曲区分开来。不确定音乐可以赋予演奏者更多的自由。

凯奇的同行和评论者开始批评他越来越激进地强调创作的随机性。布列兹在文章《骰子》中贬低凯奇的这种做法，《纽约时报》在评论都铎的一场音乐演奏会时说，"整个晚上只有低俗鄙陋、毫无灵感的音乐……空洞、肤浅、做作，完全是格林威治村的自我表现狂"[20]。这次演奏的乐曲包括《4分33秒》和《变化之乐》，还有布朗和沃尔夫的作品。那年晚些时候，凯奇来到德国参加在多瑙艾辛根（Donaueschingen）举办的重要的新音乐节。他和都铎演奏了《两个钢琴家的34′46.776″》（1954），尽管演奏的是缩略版，但还是无法取悦那些或许期待听到类似于《奏鸣曲与间奏曲》的观众。凯奇无疑受到了这一经历的影响，他直到1972年才重返多瑙艾辛根。凯奇与汤姆森的友谊也陷入了僵局。汤姆森请凯奇写书，却又在凯奇毫不知情的情况下与凯瑟琳·奥唐奈·胡佛（Kathleen O'Donnell Hoover）合作写了一本传记。而且，两位作曲家变得越来越不喜欢对方的音乐。[21]

1958年，凯奇46岁。此时他在纽约早已声名显赫。为凯奇确立起威望的主要是他的打击乐和加料钢琴曲，他对随机性和不确定性的探索则令古典音乐和现代舞的评论家褒贬不一。凯奇在艺术界的朋友们为他的作品组织了庆祝活动。5月初，斯泰布尔画廊把他的手稿作为艺术品展出，这样做的理由也很充分。1958年5月15日，艺术家劳申伯格和贾斯帕·约翰斯（Jasper Johns）与身为电影制作人和导演的埃米尔·德·安东尼奥(Emile de Antonio)一起在纽约的市政厅举行了一场盛大的音乐会。

这场音乐会打出的旗号是"凯奇创作 25 周年回顾音乐会",但是音乐会也比以往更有力地指出了凯奇的危机:他很快就将体验到难以置信的冲突,因为他让音乐家可以自由地听到作为声音本身的声音。在《钢琴与管弦乐队音乐会》(*Concert for Piano and Orchestra*,1958)中,凯奇给予演奏者的自由超出了想象。独奏部分的乐谱出现了很多新的符号和样式,凯奇把这一有挑战性的部分交给了都铎。与之相对的是,管弦乐的部分还容许音乐家自己解读不同大小的音符符头,在特殊的地方添加额外的乐音,甚至可以对要演奏的各页乐谱按照自己的意愿排序。

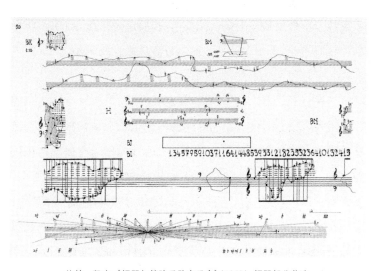

约翰·凯奇,《钢琴与管弦乐队音乐会》(1958),钢琴部分节选

面对这样宽泛的自由，一些演奏者的反应可想而知。就如那些活着全凭自己能够化乐谱为声音的音乐家所可能做出的，他们拒绝严肃对待凯奇的音乐，最终演奏出的只是他们所想到的：爵士乐的重复乐段，最喜欢的管弦乐片段，任何出现在头脑中的他们喜欢的东西。

而凯奇就像所有作曲家所能做到的那样尽职尽责地为演出进行准备。他与所有的音乐家单独交流，了解他们所能达到的极限，尽可能从他们那里挖掘出更多的新的声音。凯奇自认为他们会把这些磋商探讨的体验带到演奏中去，与他和他的同伴们一起探索自发产生的声音所具有的多种可能性。然而他或许错了。

在《纽约时报》第二天的评论中，罗斯·帕门特（Ross Parmenter）说，这场音乐演出"呈现了杂乱无章的声音的组合，是音乐会上能听到的最疯狂的演出"，他提到，现场的一些观众发出了各种声音来催促演出赶快结束。[22] 被凯奇命名为《威廉姆斯混合音》的乐曲更不合常规，完全是由于持续时间不长，才留住了听众。听众和音乐家都没有因为凯奇的音乐发生转变。

在这一事件之后的一段时间里，凯奇基本上只与他认识的音乐家和演奏者共事。他的音乐并未把人们从他们的习惯和偏见中解放出来。声音被那些想要传递某一信息的作曲家释放出来，脱离了他们至高无上的自我，但是仍然遭到无数人的滥用，那些人不知道如何友善地对待一种没有明确目的、手势和修饰的新音乐。"我面对的，"凯奇喟叹道，"是社会的问题，不是音乐的问题。"[23]

就在那年夏天快要结束的时候，凯奇出席了布鲁塞尔世界博览会,并在著名的达姆施塔特讲授新音乐的夏季课程。凯奇在这些场合中受到了褒贬不一的评价。他的性格和个人魅力显然帮助他推进了自己的事业,当时很多处于上升期的作曲家都与他交好,包括卢西亚诺·贝里奥、卡尔海因兹·斯托克豪森、亨利·普瑟尔(Henri Pousseur)、布鲁诺·马德纳(Bruno Maderna)和卢克·费拉里(Luc Ferrari)。

但是这些作曲家很快就意识到,凯奇的做法会威胁到作曲家的自主地位以及音乐艺术的传统遗产。凯奇认为作曲家的创造目的并不重要,而且实际上会起到相反作用。他想要根除既往的一切,不过并非凭借布列兹式的愤怒,而是通过某种形式的淡然处之,这可能会被很多人指为冷淡无情或过于天真。

在达姆施塔特期间,凯奇在题为《交流》(*Communication*)的演讲中非常有力地回击了对他的批评,这篇演讲基本上由问题组成。凯奇提出的一些问题似乎指向在夏季课程中占主要地位的十二音思想。但是那些更接近禅宗或道家对话的问题或许具有更多的影响力,因为凯奇刻意让这些问题的德语译文显得坦率直接。例如,对于"为什么他们不把嘴巴闭上,把耳朵张开? 他们很蠢吗?"这个问题,德语译文是"为什么你们(*Sie*)不把嘴巴闭上,把耳朵张开? 你们很蠢吗?"。[24] 简言之,凯奇已经不再掩饰。在之后的十年里,凯奇将恣意地探索追寻不确定性的含义,并达到了超乎想象的境地。

注　释

1 加尔文·汤姆金斯(Calvin Tomkins),《新娘和单身汉们:现代艺术中的异端追求》(*The Bride and the Bachelors*: *The Heretical Courtship in Modern Art*, New York, 1965), 第96页。

2 大卫·帕特森,《不在色彩内的图画:凯奇,考马拉斯瓦米和印度的影响》(*The Picture that is Not in the Colors*: *Cage, Coomaraswamy, and the Impact of India*),收录于大卫·帕特森编《约翰·凯奇:音乐,哲学和意图,1933–1950》(New York, 2002), 第177–215页。

3 对凯奇在黑山的经历的描述主要取材于《评价流行语,约1942年至1959年:约翰·凯奇由亚洲衍生的修辞和黑山学院的历史记录》,博士论文,哥伦比亚大学,1996, 第190–234页。

4 理查德·科斯特拉尼茨编,《约翰·凯奇选集》(New York, 1991), 第77–84页。

5 让-雅克·纳蒂埃(Jean-Jacques Nattiez),罗伯特·塞缪尔斯(Robert Samuels)编,《布列兹—凯奇通信集》(*The Boulez-Cage Correspondence*, Cambridge, 1993), 第46页。

6 B. H. 弗里德曼(B. H. Friedman)编,《代我问候第八大街:莫顿·费尔德曼作品集》(*Give My Regards to Eighth Street*: *Collected Writings of Morton Feldman*, Cambridge, MA, 2000), 第5页。

7 艾伦·瓦兹(Alan Watts),《禅》(*Zen*)(Stanford, ca, 1948),这是《佛教禅宗:概要和简介》(*Zen Buddhism*: *A New Outline and Introduction*, London, 1947)的扩充版本;《传心法要》(*The Huang Po Doctrine of Universal Mind* London, 1947), Chu Ch'an (约翰·布洛菲尔德)译。参考以下对黄檗《传心法要》的讨论。

8　瓦兹,《禅》,第39页;约翰·凯奇,《关于无的演讲》,收录于《沉默》(Middletown, CT, 1961),第113页。

9　让-雅克·纳蒂埃,罗伯特·塞缪尔斯编,《布列兹—凯奇通信集》,第50页。

10　大卫·帕特森,《凯奇和亚洲:历史和来源》(*Cage and Asia: History and Sources*),载大卫·尼科尔斯编,《剑桥指南之约翰·凯奇》(Cambridge, 2002),第53页。

11　理查德·科斯特拉尼茨编,《与凯奇交谈》(New York, 2002),第二版,第54-55页。

12　约翰·凯奇,《作为过程的作曲,III:交流》(*Composition as Process, III: Communication*),收录于《沉默》,第46-47页。

13　《传心法要》,第24页。

14　约翰·凯奇,丹尼尔·查尔斯(Daniel Charles),《为了鸟儿:约翰·凯奇与丹尼尔·查尔斯的交谈》(*For the Birds: John Cage in Conversation with Daniel Charles*, ed. Tom Gora and John Cage, Boston, 1981),汤姆·戈拉(Tom Gora),约翰·凯奇编,理查德·加德纳(Richard Gardner)译,第43页。

15　约翰·凯奇,《作为过程的作曲,II:不确定性》(*Composition as Process, II: Indeterminacy*),收录于《沉默》,第36页。

16　让-雅克·纳蒂埃,罗伯特·塞缪尔斯编,《布列兹—凯奇通信集》,第112页。

17　凯奇,《沉默》,第109页,第119页。

18　同上,第131页。

19　大卫·雷维尔,《怒吼的沉默:约翰·凯奇的一生》(New York, 1992),第166页。

20　重印于皮埃尔·布列兹,《学徒对未来的考虑》(*Stocktakings from*

an Apprenticeship, Oxford, 1991），斯蒂芬·沃尔什（Stephen Walsh）译，第 26-38 页；J. B.，《看，不要动手！这是"音乐"》（Look, No Hands! And It's 'Music'），载《纽约时报》1954 年 4 月 15 日，第 34 页。

21　参考下面的有趣叙述：肯尼斯·西尔弗曼，《再次开始：约翰·凯奇传记》（New York, 2010），第 146-148 页。

22　罗斯·帕门特，《音乐：实验者；杂音！约翰·凯奇在市政厅发出的声音》（Music：Experimenter；Zounds! Sounds by John Cage at Town Hall），《纽约时报》1958 年 5 月 16 日，第 20 页。

23　约翰·凯奇，《从星期一开始的一年：新的演讲和作品》（Middletown, CT, 1967），第 136 页。

24　约翰·凯奇，《作为过程的作曲，III：交流》，第 49 页。更多内容同时参考克里斯托弗·沙尔提斯，《凯奇和欧洲》，载《剑桥指南之约翰·凯奇》，大卫·尼科尔斯编，第 31-40 页。

第四章

卓 著

到了 1960 年,凯奇已经成为仅次于阿伦·科普兰的最著名美国作曲家,也有人说他是世界上最著名的美国作曲家。20 世纪 50 年代早期,科普兰在美国音乐生活中的主导作用已经下降,据说他有同情共产主义者的倾向,其作品《林肯肖像》(*Lincoln Portrait*)的一场演出被迫取消,他本人也遭到美国国会众议院非美活动调查委员会(HUAC)传唤。这场事件并未给他带来任何实质伤害,但是此后他不再集中创作民粹主义的作品,然而在 20 世纪 40 年代为他奠定声望的正是这类作品,其地位也因而受到了影响。[1] 其他作曲家,例如阿诺德·勋伯格、亨德米特和库尔特·魏尔(Kurt Weill),尽管都拥有美国国籍,但是从未被土生土长的美国人完全视为自己的同胞。伦纳德·伯恩斯坦作为指挥越来越出名。伯恩斯坦抛开敬畏之心来演绎流行乐和古典乐术语,这让评论家颇感兴趣,他被誉为美国最具原创性声音的代表人之一,或许要感谢这些评论家的帮助。

美国人也许仍然对一位在世的著名作曲家感兴趣，那就是伊戈尔·斯特拉文斯基，当时他居住在凯奇的故乡洛杉矶。斯特拉文斯基的声望是靠《火鸟》和"臭名昭著"的《春之祭》奠定的。他近期的音乐在普通听众中的确没有引起多少反响，然而正是他的形象决定了人们对作曲家的固有看法，让人们认为作曲家就应该魅力十足、神秘莫测，广交值得结识的朋友，周游每个值得探访的城市。斯特拉文斯基一直未走出公众的视线，他在能干的助手罗伯特·克拉夫特（Robert Craft）帮助下出版了一系列妙趣横生的访谈书籍，更是让他的这种形象深入人心。

凯奇就像斯特拉文斯基一样富有魅力，他也清楚个人魅力会有助于事业的发展。不过，尽管他很快将在自己的世界里如鱼得水，但是从其他方面看他又是最不可能做到这点的人。首先，凯奇乐于反对将目的性作为作曲家应有的显著特点，反对只要决心花费些时间，谁都能完成他正在做的事情。尽管他喜欢强调他曾接受勋伯格的指导，但也总是不会忘记提及这位大师料定他的失败的批评之词——勋伯格认为凯奇没能力处理和声，这最终将成为他无法逾越的障碍。

长期以来，凯奇的音乐似乎就是在可接受范围内扩展音乐概念的外延。他的大部分新作会让人震惊。人们对于那些不同寻常的声音组合感到不快，开始怀疑貌似严肃认真的凯奇是否在和他们开一个天大的玩笑，而这玩笑却还要他们为此埋单。确实，凯奇的《水上音乐》（*Water Music*, 1952）借用了包括一副纸牌在内的各种物品，甚至还有鸭子的叫声，这似乎更像是荒诞的歌舞杂要表演，而不是音乐或先锋艺术。

凯奇独树一帜的举动还不止这些。他在 1954 年搬到了距

在法国格勒诺布尔采蘑菇的凯奇,1972 年

离纽约城 40 英里远的斯托尼波恩特的某个社区,这让他可以在林中漫步,满足回归自然的渴望。他开始对到处生长的蘑菇产生了浓厚兴趣。较早的时候,凯奇想鼓励朋友们体味有机食品带来的享受,于是他设宴招待朋友,却把有毒的嚏根草当成臭

菇端上了餐桌。吃了这道菜的人都感到不适,凯奇吃得最多,中毒也最重。他被匆忙送到医院洗胃。医生说,再晚一点他就没命了。在培养起这一新的爱好之后,凯奇开始以他惯有的执著进取精神寻找能够指导他的权威人士。最后他找到了一位名叫盖伊·尼尔林(Guy Nearing)的人。[2]

在这一过程中,凯奇爱上了蘑菇。他强调说,在英语字典中,蘑菇(mushroom)和音乐(music)是邻近的词条。1954 年前后,凯奇写了一篇妙趣横生的短文,用蘑菇和采蘑菇作为喻体,来讨论当时新音乐的状态。他设想蘑菇孢子落到地上的声音可以被放大,成为供人倾听和欣赏的音乐。[3]

凯奇对这一爱好的炫耀程度似乎是其他作曲家难以想象的。比如说,他曾出现在意大利的电视节目"离开或加倍"(*Lascia o Raddoppio*)中,这个智力竞赛问答节目的奖金是 64,000 美元。作为菌类专家,凯奇最终赢得了四千意大利里拉,在当时大约折合六千美元。回到美国后凯奇还上了《时尚》(*Vogue*)杂志的美食专栏,专栏作者辗转找到凯奇的住所,报道他的食物来源和烹饪方法。[4]凯奇是个狂热的美食家,他通过茱莉亚·蔡尔德(Julia Child)的介绍了解到法国菜,之后就格外喜欢法国菜。1960 年 1 月凯奇出现在"我有一个秘密"这一美国流行电视节目上,神情严肃地演奏了幽默的《水上漫步》。全场观众笑得最响的两次,是当他把一面小锣浸入水中时,以及当他喝下似乎是威士忌加苏打水的饮料时。

换句话说,凯奇开始驾驭大众文化的巨型机器,来完成更多有声望的作曲家无法完成的事情,也就是让自己以一种没有挑战性的、通常令人愉快的方式出现在公众面前。作为对比，我们可以想一想米尔顿·巴比特（Milton Babbitt）著名的文章《谁关心你听不听?》（*Who Cares If You Listen*?）。巴比特给这篇文章起的名字是"作为专家的作曲家"，他在文中论述说，对于真正重要的新音乐的继续发展，大学是最后的希望所在，大学里的作曲家（例如巴比特自己）完全可以把自己与普通听众隔离开来，就像物理学家或数学家只会在同行构成的小圈子内分享他们的发现成果一样。凯奇了解巴比特的智慧，尤其是在音乐理论的创新研究方面，他也知道如何立刻使之转向。"他看起来就像个音乐学家。"1950 年时，他不无揶揄地对布列兹说道。[5]

与同时代的很多作曲家相同的是，凯奇也开始了教学。与其他很多人不同的是，他是在新社会研究学院教书，那是亨利·考威尔之前曾任教的地方。来听凯奇的音乐结构课的一些学生如今已成了出名的艺术家而不是音乐家，其中迪克·希金斯（Dick Higgins）、乔治·布莱希特（George Brecht）、阿尔·汉森（Al Hansen）和艾莉森·诺尔斯（Alison Knowles）等人都属于由其他艺术家群体形成的"激浪派"（Fluxus）。他们与凯奇一样，认为精美的艺术可以来自身边能发现的任何物体。实际上，凯奇在他的课堂上坚持要求他的学生在完成创作之后演奏这些新作，并进一步规定他们只能用教室中能利用的材料进行演奏。激浪派艺术家把日常生活作为艺术现场，他们创造的作品极其依赖日常生活。例如，诺尔斯认为她所有的作品都是音乐，但是那些作品经常与典型的乐音毫无关系，她的《命题》（*Proposition*，1962）只包含一句话："做份沙拉"。新学院的另一名学生艾伦·卡普洛把精心制作的《分为六个部分的 18 个偶发》(*18 Happenings in Six Parts*)搬上了舞台，这一作品在很大程度上受到了凯奇本人在黑山学院的活动的影响。不过与老师不同的是，卡普洛坚持让观众在特定的时候按特定的方式表现自己，这是凯奇不赞成的。卡罗琳·布朗回忆这件事时说，"那就像是进了低能儿的幼儿园"[6]。

凯奇和卡普洛之间的矛盾显示出他和学生之间进行过丰富多样的对话。迪克·希金斯对此的描述很出名，他说凯奇在课堂上"带来的感觉是一切皆可，至少是具有潜在的可能性"。他承认，他发现凯奇对于随机和不确定性的详细描述"实在是过了时"，与凯奇对学生作曲给出的实际建议相比简直就像是"法律文件"。[7]与此相对的是，布莱希特师承了凯奇对禅宗的兴趣，他的笔记见证了凯奇的思想对他的深刻影响，不过这些观点把这位年轻艺术家引向了不同的方向。[8]这种发散性的交互关系标志着激浪派在整体上的特点，因为激浪派断然拒斥一切类型的定义和系统化。

凯奇在社会研究新学院教的另一门课涉及蘑菇辨识。他和尼尔林在 1962 年组织成立了纽约真菌学协会。凯奇和他那些喜欢蘑菇的朋友们在周六和周日定期到田间寻找菌类，有一段时期凯奇还专门为一家时尚的纽约餐厅供应美味的蘑菇。[9]凯奇的付出带来了收获，1964 年，凯奇获得了北美真菌学协会颁发的奖金。凯奇将他同纽约真菌学协会成员一起采蘑菇的经历视为一种隐喻，喻指他构想的一种新的聆听方式。譬如，他曾回忆说，尼尔林认为在两地间往返时最好走不同的路，这样可以看到不同的事物，但是凯奇补充说，即使往返时只能走同一条路，在返程时仍然可以注意到不同的事物。[10]

就这样，凯奇继续吸引着那些决心脱离古典音乐的人，那些舞者、艺术家和作家，还有那些渴望创造力却未受过训练的人，他们蜂拥而至，是凯奇最热情的听众。凯奇传递给他们的信息是：只要你凝神倾听，音乐就无处不在。这让他们受到了鼓舞和启发。

作为作曲家，凯奇同时参与了多项前沿的活动，其中一些活动也在很大程度上满足了他早年对打击乐和加料钢琴的爱好。他自己充当出版人，设计提供他的唱片复制品甚至加料钢琴用的小型配件。不过，在 1960 年为杰克逊·马克·洛（Jackson Mac Low）的戏剧创作了偶然音乐之后，凯奇厌倦了作为自行出版的作曲人要承担的无休无止的管理责任。在找到专业出版人之前，他一篇作品都没有再发表过。

经过若干次失败的尝试之后，凯奇接触到了彼得斯公司。这家德国出版公司在 19 世纪曾经活跃过，欣里希森（Hinrichsen）家族从 1867 年起执掌该公司，立意推出最新的音乐，并通过对古典作曲家的研究和编辑工作保证古典音乐出版的水准。沃尔特·欣里希森（1907-1969）在纽约设立彼得斯公司驻美办事处时，也在继续推出年轻作曲家的音乐。到了 1962年，该出版公司已经出版了 58 名美国作曲家的作品，联合亨玛（Henmar）出版社出版了另外 17 人的作品。欣里希森接到凯奇的电话后非常高兴，他告诉凯奇他的妻子在一段时间前就已要求他出版凯奇的音乐作品。那一天两人共进午餐,并签署了直到凯奇去世都将有效的专业协议。欣里希森决定与亨玛出版社一起出版凯奇的作品,这在很多人看来是有争议的,尤其是因为凯奇创作出了类似于《4分33秒》(1952)和《广播乐谱》的怪诞作品,然而这一出版协定对于进一步确立凯奇的名望颇有助益。[11]

在凯奇自己最新的音乐活动中,音乐和舞台的界限趋于模糊,这明显反映出了他的学生们的开拓意识。他结交了卢西亚诺·贝里奥及其当时的妻子卡锡·伯布里安(Cathy Berberian),从而有机会与这位20世纪最伟大的歌手之一合作。

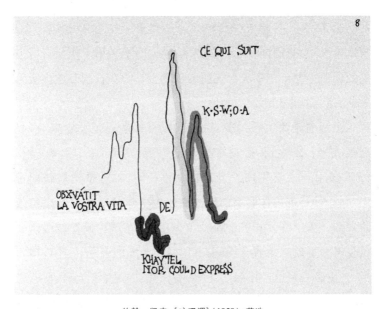

约翰·凯奇,《咏叹调》(1958),节选

凯奇为她写了一曲《咏叹调》(*Aria*, 1958)，这一写在二十页上的曲子具有一系列的变换形式，文本用五种语言写成，歌手可以从中随机选择。乐谱的各行具有不同类型，是用十种颜色呈现的，其中两种颜色又以平行的虚线进行额外区分。对歌手的要求是每种类型都要用不同的风格唱出。伯布里安已经在贝里奥的电子音乐作品《主题(向乔伊斯致敬)》(*Thema* [*Omaggio a Joyce*])中展现出了戏剧表演的天赋，而贝里奥很快就将把那种戏剧性融合在他的《声之回旋》(*Circles*)的表演语境中。

　　凯奇的《戏剧小品》(*Theatre Piece*, 1960)似乎就反映了凯奇与在新学院听写作课的艺术家的接触。《戏剧小品》中每个表演者的演出部分都包含不同大小的数字，带或不带 x。大数字相当于 20 个名词或动词，表演者可以从中进行选择并按照选择做出戏剧动作。参加这一怪异演出的演员包括：大卫·都铎、梅尔塞·坎宁安和卡罗琳·布朗；唐·巴特菲尔德，大号；弗兰克·里哈克，长号；阿林·卡门，女低音；还有妮寇拉·赛诺维奇和理查德·内尔森，这两人是灯光设计师，最后却没有做分内的工作，而是同其他艺术家一起登台表演。布朗回忆说，她原本试着尽可能准确地遵循凯奇的指令，但是让她惊奇的是，凯奇问她为什么不多做些他会喜欢的动作。("那个动作只出现一次。"布朗回答。)演出受到了评论家的严厉批评，却让观众忍俊不禁。凯奇认为，除了都铎以外，所有的表演者都误解了他的指令。[12]

　　1961 年，凯奇的《我们去向何方？我们在做什么？》(*Where Are We Going? And What Are We Doing?*)问世。这部作品实际

95

上是加到四篇各自独立的演讲词上的,演讲词谈到了音乐、禅宗、维特根斯坦,因此与凯奇高度重视的宇宙固有的复杂性相类似。凯奇的表演,加上事先录制好的其他部分,模糊了演讲、诗歌和音乐之间的界限。

　　凯奇在 20 世纪 60 年代早期完成的其他作品明显以声音为焦点,但是它们具有新意,而且凯奇对音乐的时长也有新的看

约翰·凯奇和大卫·都铎,约 1960 年

法,结果这些作品同样令人费解。在《卡特里奇音乐》（*Cartridge Music*，1960）中，微小的物品（烟斗通条、羽毛、火柴）被放置在旧式唱机的唱头上，取代了原有的唱针。这些物品发出的摩擦声或敲击声被放大后，在场的人都能听到。

人们起初想不出该怎样欣赏这样的音乐；电子设备发出的声音有些生硬，显得过于机械化。不过时间久了以后，声音本身的复杂性开始引起人们的注意。譬如说，摩擦声会在微小的音高范围之内轻微地起伏，材料本身（金属、木头等等）也有独特且并不意外的音质。有的情况下，声音几乎微不可闻，它们与周围环境中的声音合并在一起，似乎形成了自身的音色。由于表演的真实性，不同的声音最终会以精巧的对位形式互相作用，不论是录音还是音乐会。凯奇认为艺术就是模仿大自然运作的方式，那些赞同凯奇的人会想起在室外听到的所有那些微弱的、复杂的沙沙声，或者夜深人静时古老房屋发出的嘎吱声。演出的时间越长，听众就越会深入体验到这些感受。在凯奇的音乐里，时长对于听者的体验极其重要：如果乐曲持续的时间太短，就不可能让各种杂音充分地互相作用并融合到环境之中。

如果说《卡特里奇音乐》为探索轻柔的、日常的声音提供了机会，那么《黄道天体图》（*Atlas Eclipticalis*，1961–1962）就可以说是把这种探索推向了更宽广的世界。其中被绵延的静默分隔开的声音，就如同在无边的黑暗中闪烁的星星。通过对天体图上的星星进行标记并加上区分它们的线谱，凯奇的确为这部有纪念意义的管弦乐曲创造出了独特的音高素材：线谱对于微小的音符符头来说显得太大，这意味着它们所代表的音高属于更宽广的频率范围，超出了西方音乐的音阶。

这部乐曲的总时间很长，因此给人的感觉就不像是在面对音乐之声，而像是在参观一个大型博物馆，其中陈列了很多艺术作品，参观者很快就会感到这些展品的特征混到了一起，令人难以区分。就像参观博物馆一样，我们很难想象有人只参观一次就能消化吸收所看到的一切。更糟糕的是，由于《天体图》是按照时间奏响，观众根本无法选择要花多少时间来欣赏一件艺术品，也不可能返回到刚参观过的地方。《天体图》中的所有乐器部分都可以单独演出或与其他部分任意组合，因此这部乐曲每次演奏都可能产生不同的结果。

此时凯奇的其他很多作品都是为都铎创作的。他的那些作品甚至把探索的边界推得更远。在《变奏曲 III》(Variations III, 1963)中，表演者必须抛出一些印在透明正片上的圆环，数量最多的交错圆环中的每个圆环对应着一个动作，与该圆环相交的其他圆环有多少个，动作就包括多少方面。也有可能是每个圆环对应着一些分开的动作，动作的数量等同于相交的圆环的数量。凯奇含糊其辞的指导产生各种不同的解释方法。表演者从一个圆环开始，然后按照相交的圆环的数量做出动作。表演的持续时长是不确定的，在对剩下的每个圆环都重复这个过程之后，表演就结束了。

凯奇写道，其他表演者可以通过观察周围发生的事件来确定自己扮演的角色。最后他加上了令人震撼的一句指导："其他一切活动都同时进行。"凯奇一下就把所有的偶发事件纳入到了他的音乐之中，不论这些事件的发生是否源于意愿。任何能够发出声音的行为都可能成为作曲的一部分，包括咳嗽、呼吸、坐在椅子上晃动身体。

但是让凯奇更加名声大噪的并不是这些独特的复杂作品，而是他的第一本书——《沉默》。正是这本书让公众了解到了凯奇的思想。1961年，凯奇在卫斯理大学任教近一年后，卫斯理大学出版社出版了这本书。过了五十年之后，《沉默》仍然既引人深思又妙趣横生。

书中文章的写作时间跨度很大，是从20世纪30年代末到1961年。从最初迷上各种各样的声音，到寻找方法把声音组织到一起，并最终发现了贯穿他后期工作的素材，特别是印度美学和禅宗，凯奇走过了漫长的路程。相对于这样的创造轨迹而言，《沉默》这本书是具有颠覆性的、令人费解的。书中的一些内容有很强的专业性，凯奇严肃、精炼地描述了不受创作者个性激发的偶然音乐创作，对读者来说几乎是一种折磨。但是《沉默》之所以受到读者追捧，或许与《不确定性》(*Indeterminacy*, 1958-1959)中充满智慧的故事有关，那些散落在文中的故事就像稀奇古怪的复活节彩蛋。凯奇显然知道应该怎么讲述一个故事才会引人入胜：

> 维拉·威廉姆斯最初注意到我对野生蘑菇感兴趣时，赶紧告诉她的孩子们，任何一株蘑菇都不能碰，因为它们都有剧毒。几天后，她在马蒂诺的店里买了牛排，并决定用蘑菇焖牛排。她开始炖蘑菇时，孩子们都

放下了手中正在做的事,紧紧盯着他们的妈妈。等到晚餐做好后,孩子们都哭了。[13]

不过其他内容则与此不同,而且是以非常新奇的方式呈现的。如同我们在上一章中提到的,《作为过程的作曲:交流》中包含有一系列未回答的问题,令人印象深刻,在问题中间偶或还夹杂着对克里斯蒂安·沃尔夫和庄子等人的引用。在令人难忘的一段话里,凯奇论述了广义上的艺术:

> 如果文字是声音,那么它们是乐音还是噪音?
>
> 如果声音是噪音而不是文字,这些声音还有意义吗?
>
> 它们是乐音吗?
>
> 假设有两个声音和两个人,两组中各有一个是美好的,这四者之间能有交流吗?
>
> 如果它们之间存在规则,那么我问你,这规则是谁设定的?
>
> 它是从某个地方开始的吗? 我是说,如果是这样的话,它在哪里停止?
>
> 如果我们要待在一个没有"美"的地方,你或我会变得怎样?
>
> 我问你,如果声音有时会出现,或者迟早都会出现,那么我们会有怎样的聆听体验呢? 你们的,我的,我们的耳朵,会听到什么? 如果悦耳的声音停止出现,

而唯一能听到的又不是悦耳的声音,而是很刺耳的声音,我们会怎样?

　　有没有这样一种可能,我们认为那些刺耳的声音也是悦耳的呢?[14]

　　凯奇的其他文字也用例子反映了禅宗思想。《一个演讲者的45分钟》(*The 45' for a Speaker*,1954)经常提到禅宗和铃木大拙,也引用了凯奇早期写过的文本。不过这篇讲演将互相不甚相关或不相关的评论进行拼接,似乎包含了空无的原则和被凯奇归因于铃木大拙的阐释。实际上,《不确定性》中的各个故事把这一隐喻扩展到了很多与音乐无关的事情上,包括日常生活的观察、家庭趣闻等等。

　　简言之,读者大体上不需要任何专业知识就可以欣赏《沉默》这本书,而且都会深受凯奇思想的影响。我们只要把《沉默》与美国新音乐专业创作的喉舌《新音乐透视》(*Perspectives of New Music*)对比一下,就会发现二者有多大的差异。在这一具有专业性的文本中,凯奇的同行、后起之秀巴比特详细热切地讨论了音乐的最新趋势,要理解他写的内容,就需要受过极高水平的专业训练。巴比特借用了数学原则来为所分析的新音乐作品建模,这就让读者更难理解。布列兹曾设想过这种研究方法,却从未真正践行,但是《透视》的结构就做到了这一点。不过,尽管它会引领作曲家转向新的有力的表达方式,但是随意翻开《透视》,读者的反应无异于巴比特所预测的《谁关心你听不听?》带来的反响。巴比特认为,那些没受过教育的傻瓜们面对这些新的观念时,只会感到憎恶,根本无法理解。

说实话,那些没受过教育的人或许不会真的有机会对《透视》中的文字有所反应。音乐期刊本身的发行主要依靠订阅,其内容只会在课堂上、会议中以及期刊上的文章里讨论,而不会出现在报纸或流行杂志上。然而报纸和流行杂志却会谈论凯奇那独一无二的波西米亚式先锋派精神。

《沉默》引起了诸多批判性的争论。为《乡村之音》(Village Voice)撰稿的舞蹈评论家吉尔·约翰斯顿(Jill Johnston)称赞这本书选材的多样性。虽然她对凯奇作曲方法的描述太过草率,无法呈现出完整的印象,但是对于凯奇批判传统美学的观点,她的理解非常透彻。约翰斯顿强调了试音过程中经验之于判断的重要性;承认了由音乐产生多种反应的优点;她提出,在凯奇的艺术观念中,人性实现了回归——栖居于自然之中,而不是凌驾于自然之上。她尤其敏锐地认识到,在人们通常理解的静默里到处都有声音,这些声音应该被理解为凯奇所添加的声音的自然补充。(当然,《4分33秒》已经让人们注意到了这些声音的存在。)不过,约翰斯顿把进行体验的主体想象为"清空了记忆、观点和先入之见"[15],这或许是过于自信了。

《新音乐透视》很快就刊登了对《沉默》的评论,作者是诗人约翰·霍兰德(John Hollander)。他的评论显示出主流音乐界对于凯奇作品的担心。霍兰德把凯奇的作品彻底贬低为"产品"(productions),这种说法立刻就会让人想到工厂生产出的无名商品和大众媒体娱乐的花哨展示。设定了这样的基调之后,霍兰德就把凯奇作品的成功等同于商品和公开展览。他在提到

《想象的风景第四号》(*Imaginary Landscape No.4*)的一场晚场演出时,对这一运用了十二台收音机的作品的评论是,这部作品应该在傍晚更早些的时候演出(目的是捕捉到更多种类的声音),时长也应该更短(或许是因为,这部作品的主要功能就是开个玩笑,时间如果更短就不会让观众失去笑料)。霍兰德认为,凯奇放弃了作曲家的权威,这让听音乐的人无法再认真地看待并聆听凯奇的音乐。更糟糕的是,这意味着凯奇所选择的方法从来没有涉及严谨的批判思考和辛苦的创造过程,而这些才是真正的艺术和艺术家的特征。[16]

尽管约翰斯顿和霍兰德这两位评论者得出了不同的结论,但是他们都面对着一个共同的问题,那就是他们的评论中漏掉了一个重要现象:凯奇音乐中真实存在的**声音**。约翰斯顿滔滔不绝地谈论说,凯奇拯救了音乐,使之不再与生活分离,使之脱离了作曲家的专制——那些作曲家想指挥听众去倾听某些确定的东西并产生某些特定的感受。现在听众们自由了,可以自己体验音乐。但是约翰斯顿从未与其他人分享过她的感受。而霍兰德完全跳过了这个问题,假定音乐本身就是比体验更能带来解读的愉悦。

同时,凯奇在对埃里克·萨蒂的关注中继续发挥着自己的论辩天赋。凯奇从40年代晚期就开始对这位法国作曲家感兴趣,当时他第一次论述说,萨蒂的音乐结构主要是节奏而非和声,因此代表着未来音乐的实际发展方向。在20世纪50年代,凯奇开始侧重偶然和不确定性,萨蒂对于凯奇也成了与此前不同的权威人士,可以支持他的最新观点。音乐评论家亚伯拉罕·斯库尔斯基(Abraham Skulsky)认为萨蒂是在用他的幽默来掩饰艺术上的缺陷,凯奇对此番言论进行了批评。与斯库尔斯基相反,凯奇表示,萨蒂之所以重要,是因为他对于艺术是否崇高或具有感染力并不关心,就像禅宗大师一样,萨蒂脱离了音乐的所有动机,因此可以按照自己的选择大哭或大笑。[17]凯奇无疑是把他内心的焦虑投射到了萨蒂身上。在他的作品变得越来越激进的同时,凯奇也感到评论者不再认为他的音乐本身具有价值,比他年轻的同行伙伴们,例如莫顿·费尔德曼、厄尔·布朗、沃尔夫和布列兹,都被人们视为重要的作曲家,而凯奇最出名的则是他超前的思想。对凯奇的这种看法当时已经开始出现,并一直持续到了今天。

此后凯奇总是能从萨蒂那里获得灵感。凯奇对这位法国作曲家表示惊叹,1963年9月,凯奇的这种态度最终触动了一群年轻的艺术家。萨蒂在1893年写了一首没有小节线的怪异乐曲,由十三个颤音组成的低音声部旋律奇特,同一个低音声部有两个高音来配和声,含有更高音的低音部向乐曲织体的中间部分过渡。萨蒂坚持说,这部被称为《烦恼》(*Vexations*)的乐曲要把这同一片段连续弹奏840次,以此让演奏者能够达到"内在的灵动"。音乐本身既非调性也非无调性,含混但只是略微不和谐的和声暗示着去往某处的可能性,但是没有哪个听众能确定是去往何处。这部乐曲的记谱毫无必要,反而令人困惑,总是会让演奏者偏离方向。这些怪异之处只是随着音乐片段的不停重复而增加。

之前没有人敢真正在字面上依循萨蒂的指示,他们只是去诠释他的乐谱中出现的对于演出的无数怪异暗示,例如"就像是一只牙疼的夜莺那样演奏"或者"就像是一只鸡蛋一样小心轻柔"。但是凯奇决定按字面意义理解萨蒂的要求,并在纽约的袖珍剧院(Pocket Theatre)排演了《烦恼》,把乐段完整地重复了840次。共有十二名钢琴家参加了演出,包括都铎、沃尔夫和作曲家詹姆斯·坦尼(James Tenney)。凯奇后来评论说,这一体验的结果是谁都无法预见的,连续不断的演奏为艺术体验创造了新的空间,没有目标的懒散演奏改变了演奏者和观众,也让他们都平静了下来,营造出了不同的关注模式——那既非清醒也非休憩,或许是接近于体验日常生活中的每时每刻的平常节奏。沃尔夫在1974年回忆说:

　　　　在第一轮钢琴家弹奏时,演奏各有差异,呈现出了多种多样的个性——从最清醒、最谨慎到最随意、最动情的两个极端。在音乐上的效果似乎令人不安。不过在另一轮演奏之后,演奏者越是平静下去,感觉就越是放松起来。大约到了第三轮演奏时,钢琴家的个性和弹奏技巧几乎彻底被音乐征服了。音乐占了上风。最初是一种被动的客体,现在变成了主导的力量……随着夜色渐深,我们开始感到疲惫,或者说感到了睡意,此时以美丽的姿态悬在半空的自我开始摇曳。我们必须加倍小心,才能不搞错重复的次数或音符。既然团结一致和轻松随意已经在场,有趣的元素也加入到了我们中间。[18]

尽管凯奇具有作曲家和作家的天赋,但是在梅尔塞·坎宁安舞蹈团中,他的主要职位却是乐队指挥——同时也是司机、厨师和啦啦队队长。他与梅尔塞·坎宁安等人的合作在 50 年代中期已经开始加强,他和梅尔塞借钱买了一辆大众汽车,足够装下包括卡罗琳·布朗、里米·查利普和薇奥拉·法伯在内的所有舞者和道具,以及凯奇、坎宁安、都铎和赛诺维奇。[19]

坎宁安的存在既令人振奋又让人难以捉摸。他和凯奇一样,想把动作从舞蹈的传统标准中解放出来,不仅是丰富全部的动作,而且增加单个舞者同时动作的数量。在坎宁安移动时,他的四肢仿佛都是独立的,可以各自朝着各个方向运动,就好像它们都有自己的意愿一样。

在凯奇的陪伴下,坎宁安尝试着在创作时不把自己的意志强加给舞者,而是帮助他们发现自己的动作需要怎样通过身体和个性表现出来。坎宁安的舞句并不依赖音乐,在受到诗歌的启发时,他几乎从不会把灵感与别人分享。他的舞蹈动作是在时间中成型并趋于完美的,他会拿着秒表仔细地改进舞句,直到发现表演一个动作的最理想的时间长度。在这之后他会训练舞者尽可能接近理想时长。由于没有音乐或其他明显的线索,舞者必须主要依靠肌肉的记忆。他经常要按照实际的时间情况展示出跳舞的动作,如果把动作放缓,就会轻微地改变准确完成动作所需的肌肉运动的流畅性。

坎宁安不愿把自己的意愿强加到别人身上,这也意味着他

表演中的坎宁安，约 1965 年

不会受到更多的称赞或指责。卡罗琳·布朗回忆说，正在脱发的查利普是从别人那里得知坎宁安想让他戴顶假发的。布朗想要取悦坎宁安时总是感到不安，因为她不知道坎宁安究竟是高兴还是不高兴。

尽管如此，大众车的封闭空间还是为舞蹈团带来了群体归属感。凯奇在回忆黑山岁月时曾机智地评论说，要成为一个集体，只需要一起吃饭就可以了。在一篇回忆与这些人为伴的时光的文本中，凯奇描述了他们一起吃饭时令人难忘的情形：

> 我们就像成灾的蝗虫自天而降
>
> 来到布朗斯维尔的"吃个精光"
>
> 餐馆(1.50美元)。光是甜点
>
> 史蒂夫·帕克斯顿就吃掉了五块派。
>
> 梅尔塞问收银员：你们这个地方
>
> 怎么经营得下去？"大多数人，"
>
> 她十分懊丧地回答，"都不像你们
>
> 这么能吃。"[20]

在那些日子里，凯奇也坚持在每天下午5点后立刻就开始享受欢乐时光。

尽管坎宁安频繁地在美国演出，但团队早期是在欧洲取得最大成功的。1960年9月24日，在威尼斯著名的凤凰剧院(Teatro La Fenice)举行的第二十三届国际现代音乐博览会上，一场演出把观众分成了支持和反对的两派。斯特拉文斯基亲自出席,他不无嘲讽地对记者说,坎宁安的宣泄并不像他自己的《春之祭》那样可观。后来,在科隆,舞蹈团被邀请到韩裔先锋艺术家白南准(Nam June Paik)那令人触目惊心的喜剧表演现场:白南准毁掉了两台钢琴,用剪刀剪断了凯奇的领带,把洗发露的泡沫涂到了凯奇和都铎头上,最后嘴里叼着一只死老鼠从演播现场跑开。几分钟后,他打来电话说《钢琴练习曲》(*Étude for Pianoforte*)演出结束了。[21]

回到美国后,凯奇开始相信,坎宁安需要在百老汇举行一系列演出活动,以提高团队的声望。罗伯特·劳申伯格、贾斯帕·约翰斯、罗伯特·马瑟韦尔(Robert Motherwell)和安迪·沃霍尔等美国艺术界名人捐赠了艺术品进行义卖,为他们筹集资金。但是由于一位作者罢工,他们未能得到足够的报道,只好推迟了演出。到西海岸的旅行则让他们再次推迟了演出时间。最后,他们决定筹集更多的钱,在全世界巡回演出。凯奇卖掉了理查德·利波尔德(Richard Lippold)的金属线雕塑,筹到了不少钱。7月,舞蹈团登上了法航航班飞往巴黎。

劳申伯格是以灯光设计师的身份加入舞蹈团的。为了不让舞蹈团欠债,他也帮了很大的忙。团队在伦敦一共演出了四个星期,获得了极大成功。与此相对的是,凯奇的音乐几乎没起到什么重要影响,有时还会受到激烈的批评。显然,这是坎宁安和他的团队的时代,对卡罗琳·布朗来说尤其如此,此时她的名字在演员表上是头牌位置。

同时,公众对劳申伯格的关注开始赶上甚至超过了对坎宁安的称赞,因为劳申伯格是1964年威尼斯双年展的绘画获奖人,此时受到了众多仰慕者的追随。毫无疑问,凯奇深爱坎宁安,因此更难接受这样的转变。布朗回忆说,出于对艺术家坎宁安的爱,凯奇十分恼火地告诉劳申伯格:"这里只能有一个明星!"[22] 而劳申伯格的回应则是找到舞蹈团的财务经理,要求偿还自己的一千美元。

演出紧张的日程安排让人身心俱疲。在印度,凯奇的音乐遭到诋毁。在东京,劳申伯格受到热情款待。先前的紧张关系为此时的误解火上浇油,劳申伯格认为凯奇和坎宁安在自己的庆祝活动上只出席了几分钟是出于故意。这位艺术家显然感到自己受到了伤害,因此愤然离去。这样做的还不只他一个:坎宁安在伦敦失去了一名舞者,巡回演出结束时又有四人和劳申伯格一起退出了舞蹈团。

从欧洲返回后,凯奇对技术在艺术创造中的运用越发感兴趣。几年里他一直写信给可能伸出援手的人,希望他们出资建立实验音乐中心,特别是运用电子设备。巴比特等人成功地建起了最早的电子音乐工作室之一(这些工作室也经常被称为实验室,这是巴比特的作曲研发模式的扩展)。在普林斯顿的工作室则是独一无二的音乐合成器让他引以为豪,也就是 RCA 公司的马克二型合成器(RCA Mark II)。

凯奇寻求贝尔实验室的支持。他得到了贝尔的工作人员坦尼和马克斯·马修斯的帮助,协助他的还有罗伯特·穆格和比利·克鲁弗。穆格的同名合成器之前刚刚问世,克鲁弗则是位物理学家。他们一起精心制作了一套复杂的设备,设备的动作传感器会触发一系列收音机和录音机的运作,他们将此用于与坎宁安的再次合作。《变奏曲 V》1965 年 7 月 23 日在林肯中心首演,标志着若干包含舞蹈、音乐和技术应用的大型艺术创作的开始。

凯奇并非首次涉足技术应用的领域。他已经与马修斯在贝尔实验室的资助下制造了 50 声道混录调音设备,并在 1964 年 2 月 6-9 日伯恩斯坦指挥纽约爱乐乐团演奏《黄道天体图》时加以应用。那是一场灾难性的演出。凯奇为音乐家配备的是便宜的接触式麦克风,传出的声音会通过凯奇和坦尼控制的调音设备外放出去。因此音乐家们知道,就连听众能不能听到他们的演奏都无法得到保障。这似乎随意的想法让他们感到沮丧,于是他们不干了。他们拆掉麦克风在脚下用力踩,迫使凯奇去买新的麦克。他们想演奏什么就演奏什么(就好像 1958 年钢琴与管弦乐队音乐会首演时的情形一样)。几年后,凯奇这样回忆这段令他蒙羞的经历:

> 纽约爱乐乐团是个很糟糕的乐队,他们就像是一群流氓。他们恬不知耻。在这样的一场演出之后我离开舞台,他们当中一个参加了演出的人摇晃着我的头说:"等十年后再回来,那时我们会对你好一点。"他们让一切偏离了音乐,偏离了我对音乐的态度,使之成为不甚美好的体验。[23]

另一部运用技术的作品更加温和谦逊,但是更有感召力,那就是《罗扎特混音》(*Rozart Mix*, 1965)。这部作品最初在马萨诸塞州沃尔瑟姆的布兰迪斯大学罗斯艺术博物馆（Rose Art Museum）演出，乐谱完全是由凯奇与作曲家阿尔文·卢西尔（Alvin Lucier）之间的通信构成的。卢西尔邀请凯奇参加这次活动，并在凯奇的鼓励下在同一场音乐会上推出了他的具有开拓性的《一个人表演的音乐》（*Music for Solo Performer*），其素材来源是经过放大的他的脑电波信号。

为了演出《罗扎特混音》，演奏者做出了88个循环磁带，在多个录音机上播放。磁带的规格不同，长度几乎可以和博物馆的空间相媲美。卢西尔回忆说，对于拼接磁带的指导方法可以保证产生极不寻常的声音：

布兰迪斯大学罗斯艺术博物馆

我们着手完成缠线、替换以及偶尔需要的修补这些简单任务时,有时会辨认出我们自己缠的磁带,不过通常的情况是,场馆里混合的声音压倒了一切。那些用磁带的微小断片接到一起的部分听不出是什么声音。那些用更长的断片制出的给人一种拼贴的感觉——每个片段的长度都不超过四英寸或五英寸。[24]

与凯奇在这十年间的其他作品的情况一样,直到大多数听众都离开了场馆,凯奇才停止表演。

《变奏曲 V》更加复杂。舞蹈者触发传感器,传感器又激发了混录调音设备中的电路,把收音机和磁带上的一系列声音素材通过多声道扬声器发送出去。另外,调音设备的输出会得到调整,一些舞蹈者和支撑物也配备了接触式麦克风,可以把他们动作的声音放大。不过这些元素互动的结果是,我们实际上听到的声音不属于任何人。

声音震耳欲聋。各种设备都是到了在大厅中排练时才开始调试,因此或许无法按照人们预期的那样运转。演出的结果尽管并不理想,却还算获得了成功。[25]令人难以置信的是,《变奏曲 V》在美国和欧洲巡演了两年多,凯奇也开始了一系列运用技术的类似活动。例如,《变奏曲 VII》(1966)就是跨领域的"九个夜晚:艺术与科技的实验"(Nine Evenings:Experiments in Art and Technology)的一部分,参与的人有艺术家和贝尔实验室的工程师。

到了 20 世纪 60 年代后期,凯奇辞去了舞蹈团的音乐指导职位,但继续和他们一起演出。凯奇开始以客座艺术家的身份更加频繁地出现并驻留在美国大学里。在伊利诺伊大学,在组织《音乐杂耍》(*Musicircus*, 1968)的首演时,他找到了一种办法,能为表演者带来实际的、有启发作用的解放。参与这一活动的音乐家可以演奏他们想演奏的任何音乐作品,不论是什么风格,用什么乐器,有多大音量。凯奇感到,即使有某个音乐家选择像在"钢琴与管弦乐队音乐会"和《天体图》演出时那样表

约翰·凯奇和梅尔塞·坎宁安,《变奏曲 V》(1965):凯奇,大卫·都铎和戈登·穆马(Gordon Mumma)(前景);坎宁安和芭芭拉·迪利(Barbara Dilley)(背景);施坦·范德比克(Stan VanDerbeek)拍摄;白南准提供电视影像

现也没关系,只要有众多音乐家参与演出,只要他们停留在足够大的空间里,他们发出的声音就会足够复杂,足够多样化,可以消解一切个性。多样性和大规模的演出让凯奇在艺术中追求的自由受到了尊崇。不过,尽管《音乐杂耍》获得了成功,凯奇在演出中容许的无限自由还是给观众带来了实在的危险。现场的噪音水平好几次超过了安全范围,在一个引人注目的瞬间,为了进一步制造混乱,凯奇甚至随意地打开或关上现场的灯光。[26]

瑞士的羽管键琴演奏者安托瓦内特·维歇尔(Antoinette Vischer)很长时间以前就曾邀请凯奇创作一部新的作品,凯奇在伊利诺伊大学期间完成了这一任务。由于凯奇不喜欢羽管键琴的声音,他在延搁很久之后决定把电子合成的各种定音的音调声加到琴声中。作曲家勒哈伦·希勒(Lejaren Hiller)承诺给凯奇提供一位编程员,帮助处理完成作品所需的大量编程工作,其中也包括把《易经》本身计算机化。但是他们最后没有找到得力助手,希勒自己承担起了这项工作。凯奇最后建议希勒和他共同署名。

莫扎特音乐中的华彩音型法被当成了这部作品的范例。最后的七首羽管键琴独奏曲之一是由莫扎特的《音乐骰子游戏》(*Musical Dice Game*,K294d)组成的,而另一首独奏曲仅仅要求演奏者演奏或练习莫扎特的任意作品。

这部作品的名称是《羽管键琴曲》(*HPSCHD*,这个名字取自羽管键琴的英文 harpsichord,当时计算机文档名不能超过六个字母)。作品于 1969 年 5 月在一个很大的开放空间演出,演出时间持续了五个小时,同时出售纪念 T 恤衫;此外,在周围闲逛的观众也可以欣赏到艺术家罗恩·内姆思(Ron Nameth)和加尔文·萨姆欣(Calvin Sumsion)的各种视觉艺术。这一乐曲在凯奇的所有作品中是最欢快的。在各种可能的声音背后恒定不变的,是莫扎特的《骰子游戏》独奏的三拍乐音。这里持续的活动似乎接近于某种反常的"先锋杂耍"——凯奇对于一件发生之事的最清楚的观点。[27] 凯奇在 20 世纪 60 年代的成就恰逢其时。美国已经开始进入最躁动不安的十年。很多因素同时涌现,共同形成了这一令人窒息的充满纷争的时期。拒绝接受政权的主流措施的人越来越多,年龄也越来越低,他们瓦解了 20 世纪 50 年代对社会规则的保守遵从,从 1964 年加州大学伯克利分校的学生们要求言论自由开始,发展到了 1968 年和 1969 年在性、毒品、摇滚乐等方面广泛的实验性尝试。美国人越来

1969 年 5 月 16 日《羽管键琴曲》首演,厄巴纳(Urbana),伊利诺伊大学会馆

越意识到美国是多种文化的融合体,不同文化有各自不同的种族、性别或性取向,因此在广泛的领域里,对尊严和平等的要求一直存在。旷日持久、令人痛苦的越战把各个独立的群体联合起来,形成了统一的呼声,直接撼动了美国作为世界霸权的基础,人们不再认为美国的一切都是合理的。

这种情绪大体上与凯奇的美学观念和政治观念产生了共鸣。凯奇想把声音从作曲家的权威中解放出来,这是支持声音权利的非暴力反抗。他的评论文章中不言自明的观点是,学术机构中体制化的先锋派貌似激进的力量,却与欧洲的世界观并无二致,这也是凯奇在多瑙艾辛根和达姆施塔特已经亲身经历过的。凯奇越来越多地接近音乐创作的非学术阵营,这让他采取了一种单纯自然而又睿智的表达方式,既雄辩又具颠覆性。他在这个年代不断探究实验的态度,恰与不受束缚地追求新奇事物的精神重叠。不同年龄段的激进者都会通过服饰、音乐和主张宣扬自己的个性,同样,凯奇对于个体的恒久信念与关注也在日益增强。

但是凯奇与他人之间存在着重要的差异。最重要的是,凯奇对于任何群体力量都非常谨慎,因为软弱怯懦的人会在群体的驱动下被迫接受一些信念,尽管这些信念并不是他们通过自己的思辨获得的。凯奇所担心的事情正在发生。对于一些人来说,实验已经降格为放纵成瘾。不法之徒,特别是毒贩,抓住了这个赚钱的机会。查尔斯·曼森(Charles Manson)等反社会者利用个人魅力诱骗那些被剥夺了选举权的女性,唆使她们诉诸残酷的暴力行径。尼克松的胜选和新保守主义的出现终结了肯尼迪和约翰逊的时代,在出现学生骚乱和其他不同政见的迹象时,通过武力进行镇压的情形越来越多。

尽管黑人、拉美后裔、同性恋者和女性开始获得越来越多的平等权,但是这个时代的政治狂热已经开始平息下去。到了1973年越战结束时,美国人对政府已经越来越不抱幻想,同时也对一切都麻木冷漠并丧失了活力。凯奇的声望在《羽管键琴曲》演出时达到了巅峰,不久之后,他就将创造出自己最伟大的音乐。

注 释

1 珍妮弗·德拉普-伯基特(Jennifer DeLapp-Birkett),《阿伦·科普兰和冷战早期美国十二音作曲中的政治争斗》(*Aaron Copland and the Politics of Twelve-Tone Composition in the Early Cold War United States*),载《音乐研究期刊》(*Journal of Musicological Research*),XXVII/1 (2008),第31–62页。

2 约翰·凯奇,《沉默》(Middletown, CT, 1961),第261–262页。

3 凯奇,《沉默》,第275页。

4 重印于理查德·科斯特拉尼茨编,《关于约翰·凯奇的作品》(New York, 1991),第153–157页。

5 让-雅克·纳蒂埃,罗伯特·塞缪尔斯编,《布列兹—凯奇通信集》(Cambridge, 1993),第48页。有关《谁关心你听不听?》,参考《米尔顿·巴比特文选》(*The Collected Essays of Milton Babbitt* Princeton, NJ, 2003),斯蒂芬·帕勒斯等编,第48–54页。

6 卡罗琳·布朗,《偶然和情境:与凯奇和坎宁安在一起的二十年》

（*Chance and Circumstance*: *Twenty Years with Cage and Cunningham*, New York, 2007），第 257 页。

7　科斯特拉尼茨编,《约翰·凯奇选集》, 第 123－124 页。

8　布兰登·W·约瑟夫（Branden W. Joseph）,《偶然, 不确定性, 多样性》（*Chance, Indeterminacy, Multiplicity*）, 载《沉默的无政府状态：约翰·凯奇和实验艺术》（Barcelona, 2009）, 第 231－238 页。约瑟夫令人信服地论述说, 卡普洛、汉森和希金斯这些艺术家都以不同的方式偏离了凯奇的例子, 不过他们都受到了凯奇思想的影响。

9　科斯特拉尼茨编,《约翰·凯奇选集》, 第 151－153 页。

10　约翰·凯奇,《M：作品集,'67－'72》（*M*: *Writings*,'67－'72）,（Middletown, CT, 1973）, 第 137 页。

11　参考托马斯·F·约翰逊（Thomas F. Johnson）,《彼得斯公司：过去与现在》（*C. F. Peters*: *Past and Present*）,《音乐美国》（*Musical America*）, LXXXII/10（1962 年 10 月）, 第 12－13 页；科尔·加涅（Cole Gagne）, 特雷西·卡拉斯（Tracy Caras）,《声音篇章：与美国作曲家的访谈》（*Soundpieces*: *Interviews with American Composers*, Metuchen, NJ, 1982）, 第 73－74 页。

12　卡罗琳·布朗,《偶然和情境》, 第 263－266 页。

13　凯奇,《沉默》, 第 95 页。

14　同上, 第 42 页。

15　吉尔·约翰斯顿（Jill Johnston）,《现在没有沉默》（*There is No Silence Now*）, 重印于科斯特拉尼茨编,《约翰·凯奇选集》, 第 147－148 页。

16　约翰·霍兰德（John Hollander）,《沉默》（*Silence*）, 重印于理查德·科斯特拉尼茨编,《关于约翰·凯奇的作品》（Ann Arbor, MI, 1993）, 第 264－269 页。

17　科斯特拉尼茨编,《约翰·凯奇选集》, 第89-94页。

18　克里斯蒂安·沃尔夫 (Christian Wolff) 1974年9月10日写给加文·布莱雅斯 (Gavin Bryars) 的信,引自布莱雅斯,《烦恼及其表演者》(Vexations and its Performers),《实验音乐研究在线期刊》(JEMS: An Online Journal of Experimental Music Studies, 1983);2004年转载,网址为 www. users. waitrose. com/ ~ chobbs/Bryars. html#_ednref6, para. 10 (2009年6月18日刊登)。

19　下面有关坎宁安的叙述参考了布朗的《偶然和情境》。

20　詹姆斯·克劳斯提 (James Klosty) 编,《梅尔塞·坎宁安》(Merce Cunningham,New York, 1975), 第55页。

21　布朗的《偶然和情境》, 第308-309页。

22　同上, 第407页。

23　加涅,卡拉斯,《声音篇章:与美国作曲家的访谈》, 第75页。

24　阿尔文·卢西尔 (Alvin Lucier),《写在页边上的注解》(Notes in the Margins,Middletown, CT, 1988), 第15页。这本有趣的回忆录很难找到,非常感谢卢西尔先生的慷慨赠送。

25　关于《变奏曲V》的演出和涉及人员的更多资料,参考利塔·E.米勒的《凯奇,坎宁安与合作者:变奏曲V的奥德赛之旅》(Cage, Cunningham, and Collaborators: The Odyssey of Variations V),《音乐季刊》(Musical Quarterly), LXXXV/3 (2001), 第547-567页。

26　更多资料参考斯蒂芬·胡萨里克 (Stephen Husarik),《约翰·凯奇和勒哈伦·希勒:〈羽管键琴曲〉,1969》(John Cage and Lejaren Hiller: HPSCHD, 1969),《美国音乐》, I/2 (1983夏季刊), 第1-21页。

27　萨拉·亨贝克 (Sara Heimbecker),《〈羽管键琴曲〉,合成艺术作品与乌托邦》(HPSCHD, Gesamtkunstwerk, and Utopia),《美国音乐》, XXVI/4 (2008), 第474-498页。

第五章

泰斗

　　1972 年,凯奇六十岁。在那之前的几年里,对生与死的思考在他的作品和他的乐观性情上都涂抹了浓重色彩。1968 年 10 月,马塞尔·杜尚离世。对凯奇来说,杜尚就算不是他生命中具有权威性的传奇人物,至少也是意义非凡的朋友。为了找借口和杜尚在一起,凯奇曾请这位年长的艺术家教他下棋。在那期间,凯奇学到了很多象棋技巧,但是他在下棋时的游戏态度让杜尚很恼火,一次杜尚生气地问他:"你是不是从来就没想赢过?"[1]

　　他们最后一次见面是在 1968 年的 3 月,在多伦多。杜尚和凯奇参加了凯奇一部名为《重聚》(*Reunion*)的作品演出,他们在装配了 64 个光敏电阻器的棋盘上下象棋,电阻器是洛威尔·克劳斯安装的。电阻器感应到象棋棋子的移动后会发出信号,这时安放在观众周围的扬声器就会开始播放戈登·穆马、大卫·贝尔曼(David Berhman)、大卫·都铎和克劳斯这四位作曲

1968 年在多伦多表演《重聚》：蒂妮·杜尚、马塞尔·杜尚和约翰·凯奇

家创造的电子音乐或电声音乐。第一盘棋下了不到半个小时，凯奇输了。第二盘棋一直下到第二天凌晨一点，凯奇对阵杜尚的妻子蒂妮，杜尚旁观。[2]

　　不幸的是，就在杜尚离世的那个 10 月，凯奇的母亲克里特也离开了人世。自从凯奇的父亲 1964 年去世之后，克里特一直住在协助生活社区。关于克里特的若干故事曾经出现在凯奇从 1965 年开始写的拼贴画式的日记中——这份日记有些像《不确定性》中的故事集。"我注意到护工对她很好。'他们当然会这样，你喜欢别人，别人就会喜欢你。'"[3] 这本日记的完整名称是：《日记：如何让世界变得更好（你只能让事情变得更糟）》，这也反映出凯奇惯有的乐观精神中掺入的自我反省和讥嘲的态度。他在《日记》等文本中开始记录从睑腺炎到关节炎的各类健康问题(睑腺炎是一个眼科医生的误诊)。关节炎让他的手腕不能正常活动,只好每天吃很多阿司匹林。他甚至在 1973 年说自己"快蹬腿了"[4]。

进入老年也让凯奇作出了其他决定。1970 年 9 月,凯奇开始和坎宁安住进了后者在纽约的公寓,位于格林威治村班克街。约翰·列侬和小野洋子都曾是他们的邻居。凯奇还保留了在斯托尼波恩特的住所,但是他现在已经开始抱怨起那里的环境,将之比作"贫民窟"。他也坦白自己害怕冬天在冰上滑倒。大卫·尼科尔斯强调说,凯奇回到纽约或许也有潜在的心理动机:既然居住在纽约附近的父母都已不在人世,凯奇也就不再需要与他们保持距离了。[5]当然,对于凯奇来说,不管怎样,家都是个虚幻的概念:由于声名日隆,他几乎总是在世界各地漫游。

20 世纪 60 年代末期和 70 年代政治图景的改变,或许也让凯奇的心情更加阴郁。伴随着 20 世纪 60 年代的结束,似乎一切皆有可能的无限放纵的岁月也一去不返。在美国,改变始自1969 年总统理查德·尼克松就职。尼克松是优秀的政治家,但是由于他秉承保守主义,美国并未像之前那样表现出异议纷呈的局面。而且,尼克松允诺说美国将撤出越南,但是同时要保证不失国家的体面。美国人似乎也厌倦了抗议示威和社会动荡。嬉皮士的大规模社会实验已经因查尔斯·曼森的行径而蒙羞,此时又由于社会严控迷幻毒品而受到了新的打击;对于他们来说,迷幻药物是通向顿悟的大门。当时一些艺术家会为了吸食毒品花很多钱,例如贾尼斯·乔普林(Janis Joplin)、吉米·

亨德里克斯（Jimi Hendrix）和吉姆·莫里森（Jim Morrison），他们三人都在年仅三十岁时就与世长辞。美国已经厌倦了死亡的消息，因此尼克松传递出的充满希望和回归正常的讯息吸引了很多人。

然而，承诺中的越南和平扑朔迷离。1972 年 10 月，尼克松的国务卿基辛格与北越主席进行了秘密会谈，于是就有了关于和平的不成熟的声明。谈判陷入僵局后，尼克松最终通过对河内的"圣诞大轰炸"促使北越达成协议。美国在 1973 年开始从越南撤军，所谓的"水门事件"听证会也开始在电视上转播，最终尼克松遭到投票弹劾，并且在不久后的 1974 年 8 月不光彩地引咎辞职。凯奇坦诚地说，和千万名美国人一样，他在看电视转播时完全惊呆了，情绪非常低落。凯奇还曾称此事是美国经历过的最漫长的事件，可以和希腊戏剧或日本能剧相比。[6]

凯奇所追求的意识形态会被很多人称为乌托邦，但他自己总是称之为无政府主义。美国的政治形势肯定加强了凯奇在这方面的决心。早在 1961 年为《沉默》写序言时，凯奇就自称为无政府主义者。但是他从未解释过他所说的到底是什么意思。无政府主义其实算不上一种"主义"，它囊括了多种不确定的信念，缺乏坚实的理论基础，甚至在无政府主义的很多本质特征上缺少共识。凯奇尤其了解美国的无政府主义者，他多次称许詹姆斯·马丁（James Martin）在 1953 年发表的关于美国无政府主义历史的演说，以及埃玛·戈尔德曼（Emma Goldman）的作品。[7]对凯奇来说，无政府主义概念或许超出了人们惯常理解的含义，不是混乱、危险、无法无天的状态，而是近似于俄国无政府主义者彼得·克鲁泡特金的定义。克鲁泡特金曾就无政府主义这一主题为第十一版《不列颠百科全书》写过一篇广受好评的文章。克鲁泡特金认为，无政府主义涉及"一种生活和行为的理论或原则，根据这种理论或原则构想出的社会无需政府"，社会的和谐来自"不同群体间达成的自由协约"。凯奇感到一切形式的政权都是强制性的，正如他对丹尼尔·查尔斯所说的，"政治包含着对统治的确定和需要"[8]。

凯奇的无政府主义中也包括反主流文化的思想，例如让各种设施能自由地为所有人使用，关注生态的全球化，取消国家，通过共享知识才智和技术资源来解决全球问题。这些想法反过来又证明，凯奇最欣赏的两位 20 世纪思想家，巴克敏斯特·富勒（Buckminster Fuller）和马歇尔·麦克卢汉（Marshall McLuhan），对他产生了很大的影响。凯奇在日记中引用了他们及其他很多人的观点。

尽管凯奇了解并喜爱很多无政府主义者的作品，包括激进的米哈伊尔·巴枯宁，但是他经常把另一位美国人与自己的社会观联系在一起，那就是亨利·大卫·梭罗。凯奇最早接触梭罗的作品是通过诗人温德尔·贝里（Wendell Berry）。1967 年，梅尔塞·坎宁安的舞蹈团在肯塔基进行演出，在演出后的问答环节中凯奇与贝里初识。后来在贝里家中小聚时，贝里朗诵了十一卷本的《梭罗日记》节选，凯奇一听就感到自己应该通读这部作品。凯奇承认，他通过阅读梭罗的作品发现了"最有价值的观点"[9]。从那以后，梭罗就与勋伯格、铃木大拙和萨蒂一样，并列入凯奇心目中激发灵感的权威人士的圣殿。凯奇在自己的日记中含混地评价说，"我们把萨蒂和梭罗联系在一起"。不过直到后来他在创作《歌集》(*Song Books*, 1970)时才明确这句话的具体意义。[10]《梭罗日记》也为《空洞的话语》(*Empty Words*, 1973–1974)的创作提供了灵感，这是凯奇所写的最重要的文本之一。后文我们还会对此进行讨论。[11]

尽管凯奇一直相信事物是流动变化、不可预期的，但是他在1969年和1970年创作的两部重要作品，使得他关于自己作品的许多基本假设面临质疑。

早在1945年，梅尔塞·坎宁安就开始为萨蒂的《苏格拉底》设计和编排舞步，这是一部单人剧，由女高音和管弦乐构成，再加上柏拉图对话集中关于苏格拉底之死的文本。现在坎宁安希望完成剩下的乐章。此前凯奇已经安排把作品的第一乐章改编为双钢琴，并在1969年完成了全部改编。可惜萨蒂的出版商不同意演出经过改编的萨蒂作品。

凯奇面临着抉择。不可能再替换其他音乐了，坎宁安的编舞已经与萨蒂的乐句和精神完美地融为一体。（在他完成第一乐章时，还没有上升到完全将舞蹈从音乐中解放出来的阶段。）凯奇的解决方案很有特点，表现得既别出心裁又欢欣诚恳。他保留了萨蒂音乐的节奏，但是通过随机操作完全改变了音高。一段单独的旋律保留下来，改编为钢琴独奏；那原本属于萨蒂音乐中的唱段，或没有唱段的，就属于管弦乐。就像最后一个乐章的开始部分一样，凯奇的新作经常会体现出萨蒂原创音乐的痕迹，通过各种相似之处把新的音乐作品与萨蒂的作品联系

凯奇与梅尔塞·坎宁安的舞蹈团一起排演,纽约西贝斯,1972

在一起。凯奇把这一作品称为《廉价模仿》(*Cheap Imitation*),坎宁安则把他的舞蹈重新命名为《第二手》(*Second Hand*)。

最初,凯奇发现这部作品很难与他所献身的美学目标协调一致。在 20 世纪 60 年代,凯奇越来越反对把音乐作为客体——也就是每次演奏听起来都相差无几的固定乐曲,转而认为音乐是演奏者必须实现自我的过程,甚至让那些初露端倪的自我意识,来形成观众所看到听到的素材。譬如说,在凯奇的《变奏曲 III》(1963)第一次演出时,他的一个举动就是把喝水的声音放大,让"每一次吞咽都在大厅中回荡,如同轰鸣拍击的巨浪"[12]。

相反,《廉价模仿》则是音乐客体,而非过程。它包含三个乐章和常规的节奏。而且,凯奇的随机操作已经改变了音高,足以使之具有凯奇诸多作品中标志性的不连贯和碎片化的特点。而萨蒂的音乐几乎没有戏剧化的特点，只是依循了听众熟悉的某种轨迹，它与凯奇所偏好的过程并不相似。

凯奇愿意改变想法，他直面这种困难，认真进行审视。最后他并没有放弃自己已发现的必要过程，而是将之融入随后的作品之中。不管怎样，凯奇在《廉价模仿》中运用的技巧随即就出现在了他的下一部重要作品中，那是 1970 年在巴黎首演的《歌集》。凯奇把这一里程碑式的作品视为对自己创作的总结，或许这也与母亲和杜尚去世后，凯奇头脑中一直萦绕的对死亡的思考有关。《歌集》由 78 篇独奏曲组成，包括单独或组合成篇的戏剧和歌曲。令人费解的是，他认为每篇独奏都与《日记》中的那句奇特评论有关或无关——"我们把萨蒂与梭罗联系在一起"。

对于凯奇来说，歌曲意味着一系列广泛的可能性。独奏曲 49，《一年到了成熟的季节》(*The Year begins to be ripe*)复制了 1941 年的歌曲《十八个春天的美妙寡妇》(*The Wonderful Widow of Eighteen Springs*)的曲调并添加了新的歌词。独奏曲 58 由十八段微分音的拉格①构成。独奏曲 3 中，演奏者使用一幅梭罗挚爱的马萨诸塞州康科德的地图，画出事先设定的路线，然后把图画转变成谱线。为了与凯奇强调的过程保持一致，歌手需要创造她要表演的音乐。其他独奏曲也使用《戏剧小品》风格的数字与词语的复杂协调，还有几部独奏曲实际上重复了凯奇

---

① Raga，源于印度音乐的术语，指作曲和即兴演奏中的织体单元。

的《0分00秒》(1963)。《0分00秒》是凯奇最不寻常的作品之一，其中一位表演者做出各种动作以表示对他人的社会义务，然而这些动作与音乐无关，并且被放大到了极限，几乎就要扭曲。凯奇允许任意数量的表演者参加事先商定的任意时长的节目，从而产生素材的任意叠加，但是这并不会完全否定明显意在营造戏剧效果的《歌集》中存在着的音乐编排，其中之一就是对《魔笛》第二幕中午夜皇后的咏叹调进行出色的改编。

　《歌集》的另一项独特元素则与此不同。在表演的不同时间点，一段独唱歌曲要以反复出现的副歌形式唱出梭罗的一系列文本，"政府的最佳形式是没有政府。/这将是人们在为此做好准备后所拥有的"。这些副歌总是伴随着象征无政府主

阿梅莉亚·库尼（Amelia Cuni）演唱《歌集》，独奏曲58（18段微分音的拉格），威尼斯双年展，2007年10月。原始制作，三月音乐节/柏林艺术节

义的黑色旗帜或Ⓐ的标志一起出现,它们听起来积极欢快,节律工整,就像是适于政治集会演出的简单音乐。

就如对之前的《廉价模仿》一样,凯奇对《歌集》的心态似乎很矛盾。在首演后接受公开采访时,他对一位听众坚决地说:"但是在当前,人们几乎不可能认为《歌集》是艺术作品。谁敢这样想呢?它简直就像是妓院,对不对?"(大笑)[13] 不过,随着时间推移,凯奇开始更加喜爱这部作品。在前十年的巅峰之作《音乐杂耍》(1968)和《羽管键琴曲》中,凯奇感到他发现了一种方法,可以让人们体验到创造的无政府状态,不论他们是否希望如此。两部作品都允许音乐的多样性同时出现,实际上,在《音乐杂耍》中,参与者可以演奏他们所想演奏的一切。声音的叠加是自由的,这可以把演奏者从所有的意图中解放出来,让每个人都能一起体会到这种多样性,尽管内部存在着自身的结构。《歌集》的异质性以及"政府的最佳形式"的副歌,都聚焦于作品的政治目的,使之更加高雅也更加尖锐。

凯奇越来越德高望重,这也让人们更加热衷于他的作品。凯奇在20世纪40年代创作的打击乐和加料钢琴曲也自然而然地被人反复演奏,它们毕竟是极具吸引力的作品,此时仍能让人看到突破传统思想的精神。不过其他演奏者要求的是新的作品。在20世纪70年代,《歌集》之后的创作任务让凯奇能够完全彻底地探索音乐中的政治或社会隐喻,用他自己的话来说就是,去创造可为社会所用的艺术。[14] 凯奇的新作完成了这一文化任务,这可以用两种比喻的拓展来表示——或者歌唱个体的自主权,其结果是若干杰出的独奏作品;或者构筑起更大群体中的新型关系。

　　如同以往一样,凯奇的独唱歌曲产生了最好的效果。凯奇在若干年前通过理查德·毕力格认识了格利特·苏尔坦。他为苏尔坦写了《星图练习曲全集》(*Etudes Australes*, 1974 – 1975),这原本是为了让她避开对《变化之乐》(1951)的极端狂热。凯奇再一次从星图开始创作,以随机方式记下特定数字,然后针对每个特定数字来决定记下的音符是独立存在还是包含其他音调。如果需要添加,凯奇就会从可能的和弦中进行选择,和弦包含一到四个额外的音符,它们可以轻松地用一只手演奏出来,出现其他音调的可能性在后来的练习曲中越来越多。凯奇允许某个低音弦自由颤动——每个练习曲都有不同的低音弦——这样引起共鸣的回声就会为其他音调增添光辉的色彩,从而制造出额外的声音。

　　同样,小提琴家保罗·祖科夫斯基(Paul Zukofsky)也在与凯奇探讨推出新作的可能性,并清楚地表明他希望演奏具有精确记谱的作品。技艺超群的祖科夫斯基乐于接受有可能实现超越的技术挑战。凯奇的回应则是受祖科夫斯基委托创作了一系列《弗里曼小提琴独奏练习曲》(*Freeman Etudes*, 1977 – 1980; 1989 – 1990),由富有的美国赞助人贝蒂·弗里曼(Betty Freeman)赞助。凯奇为祖科夫斯基编辑了小提琴这种乐器所能发出的声音的所有可能组合。他把这些组合与根据星图追踪的技巧结合起来,创作出了极端详细而精确的作品,作品纯然属于现代主义流派,极难驾驭,当然也与人们此前听过的任何乐曲都不同。

这些非凡作品同时也实现了凯奇创造有用音乐的愿望。换句话说就是,凯奇希望创造出的音乐能够超越作为艺术作品的地位,直指日常生活中人类的伦理行为。凯奇说,练习曲的创作是在承认,个体在面对世界上的巨大困难时似乎毫无力量。他由此扩展开来,充分发挥他的想象,认为精湛的技艺不仅仅是展现极致的技术技巧,不仅仅是激发起钦羡、爱和神秘感的客体:

> (《弗里曼练习曲》)达到了最难演奏的程度,这是我有意为之的,因为我认为我们被社会上非常严重的问题所包围,我们倾向于认为情境是无望的,谁都无能为力,谁都做不出能让一切正常运作的事情。因此我认为这部几乎不可能奏出的音乐为这种不可能的存在提供了范例。[15]

凯奇的这段话体现出他无法动摇的信念,那就是个体可以通过自我发现的过程实现思维方式的改变,这可以改变这个星球上的生命。

仔细研究《星图练习曲全集》就会发现,凯奇将这些社会原则嵌入音乐的声音和情景中达到了什么程度。大多数钢琴音乐都把低音域分配给左手,高音域分配给右手,钢琴音乐的创作经常是要让一只手辅助另一只手。但是凯奇认为每只手都是独立的个体,都能弹奏出钢琴宽广音域的任何一部分。在钢琴弹奏期间经常出现双手交叉,两只手就会随时随地在钢琴上演奏出谱线相互交错的二重奏,优雅舒展地展示出任何录音都无法传递的美妙。凯奇因此改变了独奏的孤独本质,使之转而成为社会活动。

《星图练习曲全集》的声音涵盖了非常广泛的范围,包括了每一音域的所有声音形式,从减三和弦、大三和弦到小三和弦,以及其他更不和谐的所有类型的和弦。由于声音的多样性,想找到练习曲的叙事意义的人恐怕要感到困惑了。相反,不论它们是否暗含某种意义,最好是对每段声音都依次品味,都去欣赏,在下一个声音出现时就忘掉之前的声音。尽管听了几次之后会发现练习曲各自不同,但奇怪的是,它们的差异会渐渐变得不再重要。你看到星光闪烁,却无须测量星星之间的距离或它们的亮度。人们有时会想到星图,但是就算看不出星座的形状,也并不会影响每颗星星动人的美。在低音部引起共鸣的颤音的衬托下,静默越发凸显,为不同体验的区分营造出了必要的空间,同时也把它们联结在一起。

如果说练习曲是一种展示个人英雄主义的隐喻,那么凯奇接受的另一项创作委托则是通过多次个人演讲做出的更具批判性的声明。应加拿大广播公司(CBC)的邀请,凯奇发表了《关于天气的演讲》(*Lecture on the Weather*, 1975),这是凯奇为1976年美国建国两百周年庆祝活动所写的诸多作品的第一部。但是这次创作让他有机会呈现一部更近似于直接抗议的作品。他声明说,十二名表演者必须是曾经拥有美国公民身份的加拿大人。(在越战期间,加拿大成了不想服兵役的美国人的避难天堂。)凯奇使用的是梭罗的文本,包括《瓦尔登湖》、《论公民的

约翰·凯奇《星图练习曲全集》(1974–1975)，节选

不服从》(*Essay on Civil Disobedience*)和《梭罗日记》,并通过随机操作从中选择。在这十二人的声音之外,是玛丽安娜·阿马彻录制的自然的声音,以及路易·弗朗基拉提供的幻灯片,这些梭罗画作的负片在表演现场忽明忽暗,如同闪电。

为了清楚地表达自己的异议,凯奇声明,在每次出场前都要阅读一篇序言,其中包含着针对政治,特别是针对美国的颇具讽刺性的评论:

> 我开始意识到,我国政府各个分支间的所谓平衡,根本就不是平衡:我们政府的所有分支都被律师占据了。……我们的政治结构不再适合我们生活的环境。在破产的城市之外,我们生活在没有地理界限的大都市。荒野是世界的公园。我把这部作品献给美国,愿它成为这个世界的一部分,不多,不少。[16]

凯奇在 20 世纪 70 年代遵循自己的意愿创作的作品代表了更宽泛的社会信念。《树的孩子》(*Child of Tree*, 1975)描述的方法是,使用大仙人掌创造某种不受表演者的品位和记忆影响的即兴音乐。凯奇构想出了这种方法,创作了包括《树枝》(*Branches*, 1976)和《嵌入》(*Inlets*, 1977)在内的类似作品,它们都是"偶然音乐",因为作为乐器的有机材料的运行是不可预测的。譬如说,仙人掌腐烂得很快,换了新的仙人掌之后,演出效果可能就会与之前的不同。[17]

或许凯奇最伟大的独奏作品是他在《树的孩子》问世一年

前就开始着手创作的。《空洞的话语》在 1975 年完成,是为音乐会演奏准备的大型文本。实际上,凯奇特别声明说,这一文本代表着"从文学到音乐的转换"[18]。凯奇借鉴了《梭罗日记》,在作品的四个部分中描述了语义稳步消亡的过程。第一部分都是不完整的句子:

好的音高对于更真实的词通常

浅滩和杂草丛生之地

通过她的毅力铲掉草皮

不再吸收十个

成功地在最后的锄地

和挖云母很多

沼泽区映衬白色躯体[19]

到了第四部分结束时,出现的是被不同长度的空格分开的字母或字母组合:

         n e est ndt   o
ndth   eeo
s h r
    ew   t
nly   r u o   dnl
  v hr   thoe[20]

凯奇解释说,第四部分容许声音的三种可能性:一系列字母;一系列字母和静默;一系列的静默。[21] 字母间隔的大小标示着静默持续的时间长度。

　　凯奇在 20 世纪 70 年代一直在演奏《空洞的话语》的节选，他的作品很少像这部作品一样在听众中引起强烈的反感。1974年 8 月 8 日，《空洞的话语》第四部分在纳罗帕学院（Naropa Institute，如今的纳罗帕大学）首演，就在同一天，理查德·尼克松正式宣布辞去总统职务。纳罗帕学院也是在这一年成立的，这座学府结合了传统西方教育的原则与源自东方实践特别是佛教冥想的沉思式教育。在演出时，凯奇背对观众坐在一张小桌子前，随着梭罗绘画幻灯片的慢慢放映，他的作品逐渐呈现，观众则对大量的静默报以嘘声、吉他弹奏声、尖叫声和口哨声。[22]

　　在演出之后的问答环节，凯奇毫无掩饰地表达了他对观众行为的极端厌恶。他把嘘声斥为"不过是愚蠢的评论"，并且说，"在这个晚上，公众打断演出的大部分行径之所以丑态百出，正是因为他们只想自我表现"。有人问凯奇，对于听众如此诚实地回应他的作品，他是否感到高兴。凯奇反驳说："如果我们是在谈论打断别人，那么这不应被归结为诚实，而只是完全失去自控能力，完全无法摆脱无聊。无聊并非来自外界，而是来自内心。"[23]1977 年 12 月，凯奇在米兰那场臭名昭著的音乐会上演奏作品的第三部分时，也发生了类似的事情。演出持续了两个多小时，没有间歇。观众在十分钟之后就开始躁动不安，一波又一波地表达着他们越来越强烈的不满。与 1958 年回顾音乐会上那些见解不同的人一样，他们先是过于热烈地拼命鼓掌，希望能以此让音乐会结束；这样做不起作用之后，现场开始出现骚动，程度堪比 1968 年发生的学生运动。[24]

从表面上看,凯奇的惊愕,特别是他对纳罗帕事件的反应,显示出他仍然相信艺术家和观众之间具有从上到下的层级关系,作为大师的艺术家和作为信徒的观众并非处于互动的情境,观众需要保持虔诚和沉默。观众主张他们的喧嚣是创造性的回应,旨在弥补艺术家创造力的不足;凯奇则不无道理地对此不予理会。凯奇认为观众是想凭借野蛮的力量来让他的言说变得静默。一方面是作为超常天才的凯奇,一方面是作为独立个体的凯奇;前者要求得到无条件的尊重,后者希望表达自我,却想不到会遭到压制或对抗。这两者之间的差别尽管微弱,却很关键。在无政府的群体中,个体一致同意不去压制群体中任何个体的自我表达。凯奇对于无政府主义的理解就是,观众和表演者既然一起参与了演出这一事件,就要认可这份把他们聚到一起的社会契约,然而在纳罗帕演出期间,观众的表现违反了契约。

凯奇在20世纪70年代的大型合奏作品表现了社会机构的新的可能性,并且引发了同样负面的回应。继简单、毫不做作的《廉价模仿》之后,凯奇发现了管弦乐的新形式。他创造性地安排管弦乐演奏,让演奏者一起按同样的谱线演奏,而且不通过指挥,而是通过倾听他人奏出的音乐保持整体效果,就如同室内乐演奏一样。但是与室内乐不同的是,这部作品的音乐单一得令人困惑,也没有任何可以让音乐家得到辅助的技术手段。演奏这样的音乐可以让人把注意力集中到简朴的音乐上,凯奇希望通过这种途径让他们改变想法。

对于这种挑战,在1972年5月计划进行首演的荷兰音乐家自然毫无准备。管弦乐演奏者的习惯是当乐曲显然非常难时才会练习。面对凯奇的透明音乐,他们一定觉得在排练时看看乐谱就足够了。指挥同样毫无准备。作品有 24 名演奏者,凯奇坚持要求像他所想的那样演奏准备好的部分,因此乐曲的首次演奏仅仅是第一乐章的排练。荷兰人向凯奇承诺以后继续演出,但是这时更糟糕的事情发生了。"听到他们痛苦地尝试着演奏出开头的乐句时,我对乐师讲起了社会的可悲状态(不仅是音乐界的可悲状态),我把这一乐曲从晚上的节目单中撤掉了。"[25]此后,凯奇开始坚持在这部作品演出前花费大量的时间进行排练。不过凯奇也吸取了教训,再没有推出像《廉价模仿》一样的管弦乐作品。

凯奇在后来的两部乐曲中进一步探索了《音乐杂耍》中体现的概念。我们在前面的第四章中谈到过,这部作品只是公开邀请音乐家们在某个特定的地点集合起来,演奏他们所想演奏的任何音乐,而不必注意或回应周围其他人演奏的音乐。这些音乐家的背景各自不同,演奏的技巧水平也参差不齐,结果成为刺耳的声音大杂烩,凯奇称之为"马戏团杂耍",用众多声音源头的叠加抹去了演奏者的个体身份和意图。

美国建国两百周年活动的另一项委托创作是《美国公寓楼1776》(*Apartment House 1776*,1976)。凯奇在这部作品中重提了音乐杂耍的概念。不过他选择创造出了一种略有细微差异的音乐形式,其中可能存在丰富语义联想的个体身份可以短暂地出现,这样就既显示了自身的存在,又不会失去凯奇所偏爱的多样性。

凯奇为《公寓楼》安排了多种素材：出自18世纪专辑的鼓独奏，这一时期的若干简短的曲子，还有凯奇称之为"和声曲"的一系列新音乐。凯奇以18世纪威廉·比林斯（William Billings）等人所作的赞美诗为素材，运用随机操作在这些作品中去掉了简单和声所具有的极强指向性，结果听起来就好像是这些赞美诗的碎片在空中飘浮。它们保留了原有的风味以及原本的外在表现，然而听起来是全新的。

在这种精心设计的背景衬托下，代表四种民族传统的四位歌手唱起了自己民族的圣歌，他们分别是土著美国人、非裔美国人、西班牙系犹太人和英裔美国人。这就是公寓楼的特点，一栋建筑可以成为很多人的家，可以容纳多种背景、多种可能性。[26]

倾听这部作品会引起很多不同的感受。充满活力的18世纪音乐和顿挫有力的鼓声为作品增添了节日气氛，舒缓的和声仿佛昔日声音的回响，轻柔而又怀旧。更切中要害的是，黑人灵歌、新教赞美诗、印第安人的歌曲和犹太人的圣歌彼此交叠，不同的信仰和对人性相通的深切希望彼此交融。悲观主义者可以认为这部作品是把各种音乐无望地混合在一起，每种音乐都会粗暴地伤害其他音乐。艾伦·休斯（Allen Hughes）评论了纽约交响乐团的第一次演出，记录了演出开始后数百名订票者疯狂冲向门口的情形，他这样解释说：

> 不和谐的乐声超出了保守的交响乐听众所能承受
> 的范围。平日保持良好风度的人推挤着坐在旁边的人

冲向过道，此时他们显然没有考虑到别人。

很多人撤出了表演现场，在本人出席专业音乐会演出的 25 年里，还从未目睹过这样的情形。演出持续了半个多小时，但是大多数观众还是一直坐到了演出结束，并在最后热烈地欢呼或喝倒彩。[27]

对于乐观主义者来说，这一作品意味着凯奇的无政府主义充满希望，是让有不同信仰的不同人能有机会在共同的辉煌中共处，共同发出自己的声音并同样受到重视。

《美国公寓楼 1776》的一些听众并未感到这是一部乐观的作品，这让凯奇吃惊。他认为演奏者采取了出格的放纵态度，因此也开始表达他的不悦。此前一年，也就是 1975 年夏天，凯奇在纽约州立大学布法罗分校（UB）演出《歌集》之后发表了猛烈的抨击言论，这也成为凯奇一生最有传奇色彩、最有争议的逸事之一。作曲家彼得·吉纳（Peter Gena）用下面的话讲述了其他人对这一事件的回忆：

在演出期间，朱利叶斯·伊斯门（Julius Eastman）进一步扩展了他的理解，他在舞台上慢慢脱下男友的衣服。而后，他走向他（朱利叶斯）的妹妹，想做同样的事情。他妹妹回答说："不行，朱利叶斯，不行！"朱利叶斯于是走开了。第二天，在全体会议上，凯奇重重一拳砸在桌子上，怒喝道："我厌倦了这帮认为可以对我的音乐随心所欲的家伙！"每个人都看到过这样的作

品,作品的表演者或创作者自我愚弄,诸如此类,似乎
是在"凯奇的庇护下"。太多人误以为约翰乐于看到
这样的滥用。

我们可能永远无法知道在演出期间究竟发生了什么,根本
不会知道凯奇为什么会有这样激烈的反应。吉纳提到,对于同
性恋的公开表达有可能冒犯了凯奇,他写道:"当时哪怕非常隐
晦地提到同性恋都会让凯奇愤怒。凯奇认为他自己的私人生活
'与别人都他妈的无关'"[28]。

凯奇在 1974 年和 1975 年脾气很差,或许也与他那些年的
健康状况有点关系。他到了 70 年代之后不再吸烟,但还是受到
败血症和关节炎等疾病的困扰,而且他左眼后面总感到莫名的
疼痛,对此医生也无法解释原因。一次他向小野洋子抱怨,后
者推荐他去咨询一位名叫山本志津子的女士。山本志津子帮他
做了指压按摩,建议他试一试天然健康的饮食:

> 基本上我的食谱就是糙米和豆子。单独烹制的蔬
> 菜或是配上海藻味噌汤,坚果、果实、努卡泡菜可做配
> 菜。用植物油、芝麻、玉米和橄榄代替奶油。有时我会
> 吃鱼或鸡肉。不吃乳制品、糖、水果或其他肉类。[29]

这样的食谱对凯奇的健康起到了神奇的效果。他此后一
直遵循这样的饮食,只是有时会吃一点新鲜水果或喝一点伏
特加。

随着凯奇的健康渐渐恢复，他也开始动手完成新的任务。他的音乐已经沿着各具特色甚至是各自不同的道路发展，他称之为"互相重叠的层面"，既包括记谱极其严格的《弗里曼小提琴独奏练习曲》，也有更加自由的《树的孩子》或《乐谱（梭罗的40幅画）》（*Score* ［*40 Drawings by Thoreau*］）；既有随机创作，也有《歌集》这样全凭自己嗜好创造出的作品。[30] 伴随着 *Mureau*（1970）和《空洞的话语》这样的文本创作，凯奇开始加大他在文学创作方面的努力，这将一直持续到他离世。1978 年 1 月，他在加利福尼亚奥克兰的冠点画廊开始了长期的视觉艺术活动（该画廊 1986 年搬到了旧金山）。他一共将创造 1000 件艺术作品：包括绘画、照片和水彩画。

除了在二十几岁完成的绘画作品之外，凯奇 1969 年还在加尔文·萨姆欣的帮助下完成了一件重要的作品：《不想说任何关于马塞尔的事情》（*Not Wanting to Say Anything about Marcel*）。这部作品包括被凯奇称为"树脂图"（plexigram）的八个独立系列，每个系列都包含八块长方形的树脂玻璃，上面装饰着丝网印制的通过随机操作从字典中选出的单词和图像。他把这些树脂玻璃放到木头底座上，排列顺序则是任意的。他还用两个树脂图制成了平版印刷画（这也是根据随机操作选出的）。凯奇对词语的视觉外观产生的兴趣体现在运用了不同颜色和字体的三处《日记》中，在《为梅尔塞·坎宁安而作的 62 篇嵌字诗》（*62 Mesostics Re Merce Cunningham*，1971）中，每个**字母**都以不同的字号出现，其大小差异如此悬殊，以至于整个作品出名地难读。

在《不想说》中,树脂图在木头底座上的位置是变动的,这仍然与凯奇重过程轻结果的倾向联系在一起。即使是单独的词语和图像似乎也在抗拒演出的可能性。但是就凯奇而言,树脂图物质的美却至少标志着回归"艺术客体为沉思而设计"的关键一步,这或许并非不同于《廉价模仿》。那么对于他的视觉艺术中的意象和结构,是否有可能进行不陷入"为艺术而艺术"的审美呢?换句话说,凯奇创造了有用的视觉艺术吗?诗人和跨学科学者琼·雷塔莱科(Joan Retallack)公开了与凯奇在他生命最后几年的系列对话,他认为,了解凯奇运用随机操作的方法,有助于克服作品中的物质性甚至是表现性的感觉:

> (在安迪·沃霍尔的汤罐和贾斯帕·约翰斯的旗帜中)仍然存在着对我们这个世界的某种映像。或者可以说,在再现的层面上,对世间事物的指向性是非常明显的。在你的作品中指向世界,这与其说是指向事物本身,不如说是在概念上指向事物的关系。甚至是指向事物间关系的本质——例如偶然性。[31]

更普遍地说,凯奇的艺术创造的视觉构图和图像的不规则性通常意味着某种矛盾或反常,这可以与《星图练习曲全集》这类作品中明显的杂乱多样性相比。

在为冠点画廊创作的作品中,凯奇采用了一系列版画制作的常用方法,包括镌版法、凹铜版腐蚀制版法和铜版雕刻法。他最初把作品《乐谱(梭罗的40幅画)》和《23部分》(*23 Parts*)

约翰·凯奇,《信号,艺术家的证据 5》(*Signals, Artist' s Proof 5*,1978),独一无二的印记,36 幅相关的系列图画中的一幅(33x51cm,20x30 薄版)。冠点画廊利拉·托兰(Lilah Toland)印制

改成了蚀刻版画,几乎是完全按原样描绘或更为自由地复制《乐谱》中梭罗的画,将之改成了《没有组成部分的乐谱(梭罗的40 幅画):12 俳句》(*Score Without Parts* [*40 Drawings by Thoreau*]:*12 Haiku*);并通过随机操作确定要采用哪种技巧,图片要用哪种颜色。[32]

下一系列的印制品是《七天日记(不知道)》(*Seven-Day Diary* [*Not Knowing*],1978)。其中凯奇运用了各种技巧在铜板上制出一系列随机确定的印记,而不去看他做了什么。他用这种方式让刻印脱离他的主观干预,尽可能"按照本来的样子"出现。随着这一系列的创作继续进行,他又为之添加了其他可能性,例如照片的图案、不同大小的印记和色彩。[33] 最后,凯奇运用随机操作法确定各种变量,包括图像的放置和旋转,在各种蚀刻方法之间的选择,将不同颜色进行复杂混合。

与此相反,在制造《信号》(*Signals*,1978)系列时,凯奇开始熟练掌握最困难的版画制作技巧之一,就是用锋锐的工具刻入金属,直接把线条雕刻在铜板上。《信号》的图像包括圆、直线和梭罗绘画的照片。这些作品看起来比《七天日记》更显稀疏,表现出了一种优雅和技巧,显示出作为艺术家的凯奇越来越自信。

1979年,凯奇和坎宁安从班克街搬到了第六大道西十八街角落的大公寓。由于住处宽敞,凯奇在房子里摆放的植物越来

约翰·凯奇在纽约第十八街的公寓里工作

越多,最后达到了两百盆左右。凯奇就这样把他在斯托尼波恩特养成的对户外的偏好带到了人口稠密的曼哈顿。川流不息的车辆发出的声音让凯奇着迷,在睡觉时他会把车辆驶过的声音想象成音乐。凯奇欣赏车声的音乐性,因为车声占据了宽广的频率范围,无法用不连贯的步骤对待,就像他所热爱的大自然一样,与传统乐器的情况不同。[34]

凯奇早已开始涉足多个领域的活动,他的这种倾向在20世纪70年代末变得越发明显。在冠点画廊,凯奇雄心勃勃地开始了名为《变化和消失》(*Changes and Disappearances*, 1979-1982)的版画制作。该系列作品具有丰富的意象、色彩和视觉密度,达到了《弗里曼小提琴独奏练习曲》所具有的令人瞠目的复杂性。凯奇用了66块铜版,运用随机操作确定在35幅版画的每一幅中采用多少块铜版以及使用哪些铜版。每次使用铜版时,他往往随机地确定铜版是否应该刻上新的印记:直线、优雅的曲线和照相蚀刻从不同的角度出现。这样蚀刻的密度和视觉细节就与练习曲中越来越多的精湛技巧相似。而且,铜版和上面的刻痕浸透了数目惊人的不同色彩,最后的版画总共包含298种颜色。另一幅版画则需要45块铜版。[35]

凯奇也开始把构想中的庞大作品"_____,_____ _____马戏团表演_____"变为现实,他想把一部文学作品改成新的多媒体艺术作品。凯奇的想法最后形成了《罗拉托里奥,一个爱尔兰马戏团表演〈芬尼根守灵夜〉》(*Roaratorio, an Irish Circus on 'Finnegans Wake'*, 1979)。宏大的音乐表演就以詹姆斯·乔伊斯的最后一部长篇小说《芬尼根守灵夜》为蓝本,而那本具有喜剧色彩的小说极难理解。

为了完成这部作品，凯奇选择了乔伊斯的小说，用书中的词语创作了一系列凝练的诗歌。在凯奇的诗节中，每行中间的大写字母从上到下正好拼成了"James Joyce"这个名字。这样，乔伊斯小说从开篇到结尾所使用的词语的密集摘录就沿着这条中线向左右散开，形成了一系列令人浮想联翩的形状。这种新形式的诗歌被称为嵌字诗(mesostics)。

接下来，凯奇给世界各地的人写信，征集《守灵夜》中提到的每种声音的录音，并请爱尔兰音乐家录制一系列的传统曲调。凯奇还朗诵了诗歌，名字是《通过〈芬尼根守灵夜〉写作》(Writing through 'Finnegans Wake')。这些都被送到皮埃尔·布列兹在巴黎创建的录音室和新音乐实验室 IRCAM，在那里精心组合在一起，当高度压缩的诗歌朗诵到与《守灵夜》中所提到的声音相对应的地方时，收集到的声音就会不早不晚恰到好处地响起。

《罗拉托里奥》1979 年 10 月 20 日首次向公众公开，并很快就被德国电台转播。该作品本身也作为音乐会节目单独演奏，同时演出的是梅尔塞·坎宁安的舞蹈。各种声音交织在一起，犹如密密缝制的花毯，其中既包括自然的声音，也有更传统的音乐：亨德尔、贝多芬(《英雄交响曲》和弦乐四重奏"大赋格"的片段)以及爱尔兰的曲调和其他各种音乐——高雅的音乐、通俗的音乐、介于二者之间的音乐。尽管凯奇希望纳入来自全世界的声音，但是总有一些素材他只能依赖音效库，比如说，作品快结束时的一阵大笑，这是美国电视剧和电影中的常见内容。一些录音的音质令人质疑，特别是一段水声，听起来似乎是人造的。无论如何，《罗拉托里奥》是巨型的声音拼贴，在各方面都满足了凯奇对于丰富声音的渴望。《守灵夜》的欣赏者或许会抱怨书中的声音按顺序出现，方式太单一，更像是字典或旅行指南。但是强弱不同的各种声音打造出了一种音乐，最终要比《羽管键琴曲》的声音大杂烩更吸引人，而且几乎比凯奇其他所有的作品都更有新意，也更符合凯奇的美学观念。

尽管大部分公众极有可能跟不上凯奇最新创作的脚步，很多音乐家也仍然在演奏并录制凯奇早期的打击乐和加料钢琴曲，但是他的名声无疑为他带来了广泛的认可和拥趸。1978年，凯奇入选美国艺术暨文学学会，1979年10月，凯奇的《罗拉托里奥》被授予卡尔·斯祖卡（Karl-Sczuka）音频艺术奖，并在同年12月获得美国音乐中心颁发的"成就奖"（Letter of Distinction）。

在此之前的1976年，凯奇曾告诉采访他的杰夫·戈德堡，他曾经感到自己受到了守护天使的保护，天使会一直陪伴他，直到他创造出注定要创造的一切；但是此时他已经不再有这种感受。他遗憾地补充说："因此我现在死了也没什么。如果我离开世界，也不会有多少损失。"[36] 凯奇错了。在他艺术生涯的最后阶段，他创作出了与此前完全不同类型的新作，其中一些则属于他最伟大的作品之列。

注 释

1 理查德·科斯特拉尼茨编,《与凯奇交谈》(New York, 2002),第二版,第11页,第25页。

2 关于这部作品及其表演的描述,见洛威尔·克劳斯(Lowell Cross),《重聚:约翰·凯奇、马塞尔·杜尚、电子音乐和象棋》(*Reunion: John Cage, Marcel Duchamp, Electronic Music and Chess*),《列奥纳多音乐期刊》(*Leonardo Music Journal*), 9 (1999),第35-42页。

3 约翰·凯奇,《M:作品集,'67-'72》(Middletown, CT, 1973),第5页。

4 同上,第 xv 页。

5 约翰·凯奇,丹尼尔·查尔斯(Daniel Charles),《为了鸟儿:约翰·凯奇与丹尼尔·查尔斯的交谈》(Boston, 1981),汤姆·戈拉,约翰·凯奇编,理查德·加德纳译,第61-62页;大卫·尼科尔斯(David Nicholls),《约翰·凯奇》(Urbana, IL, 2007),第86-88页。

6 约翰·凯奇,《空洞的话语:作品集,'73-'78》(*Empty Words: Writings, '73-'78*, Middletown, CT, 1979),第185页。

7 詹姆斯·J·马丁(James J. Martin),《人与国:个人无政府主义在美国,1827-1908》(*Men Against the State: The Expositors of Individualist Anarchism in America, 1827-1908*, De Kalb, IL, 1953).(马丁是凯奇在斯托尼波恩特的一个邻居。)关于凯奇对马丁和戈尔德曼的好评,参考理查德·弗莱明,威廉·达克沃思编,《75岁的约翰·凯奇》(Lewisburg, PA, 1989),第122-123页。

8 彼得·克鲁泡特金,"无政府主义"(Anarchism),载《大英百科全书》(*The Encyclopædia Britannica*),收录于《〈面包与自由〉和其他作品》(*The Conquest of Bread and Other Writings*, Cambridge, 1995),
马歇尔·沙茨(Marshall Shatz),第 233 页;凯奇和查尔斯,《为了鸟
儿》,第 112 页。

9　凯奇,《M》,第 18 页。

10　同上,第 70 页。

11　对于美国文学和音乐传统背景下的凯奇和梭罗的全面研究,参考
克里斯托弗·沙尔提斯,《让发声的自我沉默:约翰·凯奇和美国
实验传统》(*Silencing the Sounded Self*: *John Cage and the American
Experimental Tradition*, Boston, 1998)。

12　加尔文·汤姆金斯,《新娘和单身汉们:现代艺术中的异端追求》
(New York, 1965),第 139 页。

13　凯奇和查尔斯,《为了鸟儿》,第 59 页。

14　约翰·凯奇,《自传式的声明》(*An Autobiographical Statement*),收
录于理查德·科斯特拉尼茨编,《作家约翰·凯奇:未辑文稿》
(New York, 1993),第 113 页。

15　劳拉·弗莱彻(Laura Fletcher)和托马斯·穆尔(Thomas Moore),
《约翰·凯奇:一次访谈》(*John Cage*: *An Interview*),《声音》(*Sonus*),XIII/2 (1983 年春季刊),第 19 页。

16　凯奇,《空洞的话语》,第 4-5 页。

17　科尔·加涅,特雷西·卡拉斯,《声音篇章:与美国作曲家的访谈》
(Metuchen, NJ, 1982),第 76-77 页。

18　理查德·科斯特拉尼茨编,《与凯奇交谈》,第 146 页。

19　凯奇,《空洞的话语》,第 12 页。

20　同上,第 75 页。参考克里斯托弗·沙尔提斯对于《空洞的话语》的
敏锐的深刻见解,见《让发声的自我沉默》,第 118-126 页。

21　安妮·瓦尔德曼(Anne Waldman),玛丽莲·韦布(Marilyn Webb)

编,《在纳罗帕学院讨论诗学:杰克·凯鲁亚克虚体诗歌学院年鉴》(*Talking Poetics from Naropa Institute*:*Annals of the Jack Kerouac School of Disembodied Poetics*,Boulder,CO,1978),vol. 1,第219页。

22 同上,vol. I,第217页。

23 同上,vol. I,第218页,220页。

24 这次演出录了音,但是直到1990年录音才得以发行;目前可以找到该录音(Ampersand Ampere 6,2004)。关于凯奇对这一事件的回忆,参考科斯特拉尼茨(Richard Kostelanetz)编,《与凯奇交谈》,第132-133页。

25 凯奇,《M》,第 xiv 页。

26 这部作品经常与《连歌》(*Renga*,1976)一起演奏,其中的绘画被音乐家演绎为频率范围内优雅自然的音乐曲调。我在第六章中讨论了凯奇后来对连歌的运用。

27 艾伦·休斯(Allen Hughes),《数百人离开约翰·凯奇的首演现场》(*Hundreds Walk Out of Premiere of John Cage*),《纽约时报》1976年11月5日,第48页。

28 彼得·吉纳(Peter Gena),《回复:约翰·凯奇和〈歌集〉在布法罗的情况》(*Re*:*John Cage and Song Books in Buffalo*),1997年12月5日上传,《沉默:约翰·凯奇的讨论名单》(*Silence*:*The John Cage Discussion List*),网址为 http://replay. waybackmachine. org/ 20021019110839 andwww. newalbion. com/artists/cagej/silence/ html/1997q4/0292. html(2011年3月26日刊登)。感谢约瑟夫·齐特(Joseph Zitt)重新找到网上资源。玛丽·简·利奇(Mary Jane Leach)正与勒妮·莱文·帕克(Renee Levine Packer)共同编辑即将出版的关于伊斯门的一卷散文,她指出,对于这一纪念活动,可

能有数不尽的互相矛盾的回忆(2011 年 3 月 25 日写给罗布·哈斯金斯的电子邮件)。

29　凯奇,《空洞的话语》,第 79 页。

30　科尔·加涅,特雷西·卡拉斯,《声音篇章:与美国作曲家的访谈》,第 71 页。

31　约翰·凯奇,《音乐时代:凯奇谈词语、艺术和音乐;约翰·凯奇与琼·雷塔莱科的谈话》(Hanover, NH, 1996),第 136-137 页。

32　约翰·凯奇,《蚀刻,1978-1982》(*Etchings*, 1978-1982, Oakland, CA, 1982),第 38 页。

33　凯奇自己对这一过程的描述可参考凯奇,《蚀刻》,第 36 页。

34　凯奇,《音乐时代》,第 251 页。

35　凯申·布朗(Kathan Brown),《约翰·凯奇视觉艺术:让头脑冷静让心灵安宁》(*John Cage Visual Art*:*To Sober and Quiet the Mind*, San Francisco, 2000),第 68 页,第 82 页。

36　杰夫·戈德堡(Jeff Goldberg),《约翰·凯奇》(*John Cage*),《大西洋彼岸评论》(*Transatlantic Review*),55/56 (1976),第 110 页。

约翰·凯奇,1988 年担任哈佛大学查尔斯·艾略特·诺顿诗学教授时拍摄

第六章

别 离

到1980年，当代西方古典音乐的世界与凯奇在1933年所接触到的已经没有多少相似之处了。20世纪60年代的动荡影响了一批作曲家，他们质疑有关新音乐为何物的一切假说。一些人，例如乔治·克拉姆（George Crumb）和彼得·麦克斯韦·戴维斯（Peter Maxwell Davies），通过自由地引用巴赫、亨德尔和贝多芬，重现昔日的声音和影响。还有一些人，例如史蒂夫·赖克（Steve Reich）和菲利普·格拉斯（Philip Glass），抛开了前人注重的节奏与和声的复杂性，转向了强调重复和内心本能的所谓抽象极简主义。老一代作曲家似乎仍然不受近期发展的影响。米尔顿·巴比特对勋伯格观点的发展复杂得令人炫目。凯奇自己仍然坚持后调性和形式革新，他和巴比特一样认为这些特点代表着现代性。很多年轻作曲家表现出对爵士乐和摇滚乐越来越浓厚的兴趣，声称这种世俗化的风格应该也能够贯穿在真正与当代文化对话的任何艺术音乐当中。由于20世纪50年代之后大众媒体在技术上的迅速进步，这种音乐的确广为人知。

凯奇对于自己所处时代的文化环境的观察，一如既往地显示出他对环境的敏感以及经过缜密思考的先见之明。早在第一部智能手机出现的二十年前，他就写道："不久之后，每个人都将拥有放在口袋里的电脑，不论他是否是个音乐家。"1980年，凯奇在回答是否会有更多的作曲家接受随机操作法的问题时说：

> 不，我认为我们在朝着多个方向前进。如果说我起到了一些作用，那也是放之四海而皆准的作用：让我们走出关于音乐的主流观念，进入可被比作三角洲或原野、海洋的情境，其中存在的只是无尽的可能性。[1]

一段时间以来，凯奇的音乐一直沿着若干不同的风格发展，因此他就如同微观的三角洲。同时凯奇也把越来越多的精力投入到视觉艺术和文本创作之中。

凯奇的文本创作与演出部分是出于实际需要——由于多年来受到关节炎的困扰行动不便，弹奏钢琴对凯奇来说已经越来越难。然而文本创作之所以吸引凯奇，或许也是因为嗓音在声音表现上的潜力——不必遵循经过调律的西方音阶的不连续步骤，而且在音色上也更为丰富。凯奇的嗓音成了他理想的工具。[2]

凯奇后期的作品不再囿于《日记》的拼贴技巧，也脱离了令人困扰的对世事的悲观主义。然而，尽管凯奇现在好像重新获得了乐观甚至安宁，但他同时也在用自己和他人的词语编织起神秘的文本之网，以此创造出一种晦涩费解的形式。1980 年 1 月的第三个星期，在去过冠点画廊之后，凯奇出席了在加罗林群岛的波纳佩岛举行的一次作家研讨会，研讨会的组织者是冠点的凯申·布朗及其丈夫汤姆·马里奥尼。凯奇在那里完成了时长 12 分钟的文本作品，名为《主题与变奏》(*Themes & Variations*)。[3]

凯奇创作了一系列嵌字诗，嵌入的字母连在一起是对他很重要的人的名字，包括大卫·都铎和罗伯特·劳申伯格。但是凯奇的诗歌谈及的并非凯奇的导师和朋友，而是与凯奇作品相关的很多观点，例如"奉献""无政府"和"爱＝被爱者周围的空间"。他每次完成嵌字诗都会利用随机操作重新安排诗行，但是不影响中间嵌入的词。例如他借用 David Tudor 这个名字所写的第一首嵌字诗是：

we Don't know

whAt

we'll haVe

when we fInish

Doing

whaT we're doing

bUt

we know every Detail

Of

pRocess

we're involveD in

A way

to leaVe no traces

nothIng in between

herDed ox

157

我们不知道

完成

我们正在做的

之后

会拥有

什么

但是

我们知道

过程的

每个细节

我们卷入了一种

不留痕迹

的方式

在一群被放养的牛

中间什么也没有

凯奇通过随机操作,把含有 David Tudor 的余下四首嵌字诗的诗行打乱之后,原有的诗行中只留下了第一、第六、第十三和第十四行(见后面的引文)。

诗行在混合之后创造出的是被凯奇称为"连歌"(renga)的形式。凯奇解释说,常规的连歌至少由 36 个小节组成,每小节5 行,各行的音节数分别是 5-7-5-7-7,而更重要的是,诗是合作写出的:

连续的诗行是由不同的诗人写的。每个诗人都尽可能让自己所写的诗行的含义远离上一行。这无疑是在尝试着开拓诗人和听众或读者的思想,使之面向意想不到的关系。[4]

we Don't know
At dawn
and Valley
thIngs
to Do

whaT we're doing
zen becomes confUsing
south sea islanD

mOuntain

mountain bReeze

Desert

lAke

to leaVe no traces
nothIng in between
no neeD[5]

我们不知道

在黎明

山谷

要做的

事情

我们正在做的

禅宗变得令人困惑

南方海洋的岛屿

山脉

山风

沙漠

湖泊

不留痕迹

中间什么也没有

没有需要[5]

　　凯奇运用随机操作表现出混杂的观点，由此脱离了诗人的群体，但是他也保留了他认为对连歌至关重要的东西。他把这部作品和之后的作品视为"一种来自观念的写作方式,并非关于观念,而是产生观念"[6]。

1982 年,凯奇快到 70 岁时,很多独奏者和乐团都在演奏他的作品,或者越来越频繁地请他创作新作。他继续与梅尔塞·坎宁安舞蹈团在国内和欧洲巡回演出,其中包括几乎每年他都参加的在沙德勒之井剧院(Sadler's Wells Theatre)进行的伦敦演出。凯奇为此不断旅行,几乎没有多少时间作曲。不过他还是完成了两部大型歌剧作品:《为五个管弦乐队所作乐曲三十首》(1981)和《舞蹈/4 个管弦乐队》(1982),后者是应邀为在加利福尼亚圣克鲁斯举办的卡布里奥现代音乐节所作。

1982 年的两场回顾音乐会显示出人们对凯奇个性和音乐的无比热情。"墙到墙:凯奇和朋友"(Wall-to-Wall John Cage and Friends)音乐会 3 月 12 日在纽约交响乐空间剧场举行,演出从上午 11 点一直持续到第二天凌晨 1 点 15 分,为广大现场观众呈现了凯奇的新作和旧作。为这场马拉松式音乐会开场的是华裔钢琴家陈灵(Margaret Leng Tan),凯奇从 1981 年开始经常与她共事。她演奏的《狂欢酒宴》(1940)和《以大屠杀之名》(In the Name of Holocaust,1942)具有鲜明的舞蹈特点,正是这种特点让凯奇早期的作品具有了丰富的活力。凯奇自己参与表演了《1955 年的讲演》,他提着大收音机,带着始终不变的微笑从观众中走过。在英国举行的阿尔梅达国际现代音乐节,把 5 月底的三天专门留给了凯奇的作品,包括一场演奏《罗拉托里奥》(1979)的音乐会,约翰·蒂尔伯里(John Tilbury)演奏了《加料钢琴奏鸣曲与间奏曲》(1946–1948)和凯奇音乐集锦,其中包括《黄道天体图》(1961－1962)、《歌集》(1970)和其他作品。[7]

凯奇继续获得国内和国际颁发的奖项,包括1981年的纽约市艺术文化类市长荣誉奖和1982年法国文化部颁发的文学和艺术领军人物勋章,这是对他艺术成就的认可。在这样的场合下展现他自己的作品时,凯奇几乎总是会坚持选择一部文本作品,特别是《空洞的话语》(1973－1974)的节选。或许这些活动也激起了他的怀旧之情。凯奇为吉尔福德的萨里大学写了《作曲回顾》(*Composition in Retrospect*, 1981),作为专业舞蹈者和作曲者国际舞蹈课的一部分内容。这篇文本以一系列中间嵌字的形式表现了与他在音乐上的指导原则有关的一些词语,包括"方法"(method)、"训练"(discipline)和"不确定性"(indeterminacy)。该文本主要是凯奇对自己创作实践的诗化思索,不过开篇是一段关于偶然浮现的回忆的简短文字:"我的/关于/发生过的事情的/回忆/并不是/发生过的。"(My / mEmory / of whaT / Happened / is nOt / what happeneD.)[8]①凯奇经常选择这一作品,它是凯奇最伟大的文本作品之一《I-VI》(1988)的重要来源。凯奇在被聘为哈佛大学1988－1989学年诺顿诗歌艺术荣誉教授(Charles Eliot Norton Professor of Poetry)时发表了这一演讲。

大约就在这时,凯奇也开始接受录音这一媒介,认为可以通过录音传播有关他近期作品的值得关注的演出,尽管以前他一

---

① 句中嵌入的词语是 method。

直反对录音。在这段时间里，他与布赖恩·勃兰特（Brian Brandt）共同参加了多次音乐会，之后成了朋友。勃兰特回忆说，为了能让人们听到迈克尔·普格利泽（Michael Pugliese）和弗朗西斯－玛丽·乌伊提（Frances-Marie Uitti）演出的凯奇的《北方练习曲》（*Etudes Boreales*，1978），他成立了美国 Mode Records 唱片公司。[9] 凯奇从 1984 年起亲自管理录音工作，这也是该公司发行的第一张专辑。凯奇后来监督了其他新旧作品的录音过程，或许是想以更加长久的方式把他的音乐保留下去。Mode Records 推出的第二张专辑就是 11 名演奏者对凯奇的《黄道天体图》的诠释。

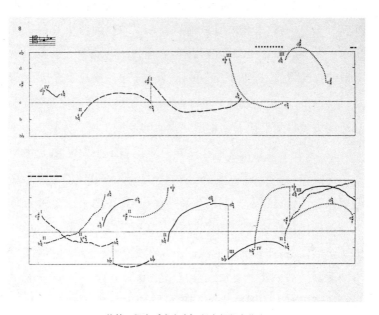

约翰·凯奇，《龙安寺》，低音部版本节选

凯奇在1980到1985年间创作的音乐作品并非都能接近那些年里他在视觉艺术和文本创作中达到的高质量。他的若干构思来自在视觉艺术中已经探索过的理念。凯奇在这一时期最好的作品之一《龙安寺》(Ryoanji,1983-1985),就来自他为自己一本书的法语版本创作的艺术品。作品暗指的是京都市龙安寺的石头园,里面有放置在一大片耙平的沙地上的十五块石头。就这部音乐作品而言,其中的每一页都展示出凯奇沿着石头轮廓画出的流畅曲线,石头的放置和轮廓的描绘都是由随机操作决定的,与这些曲线的形状对应的是乐曲独奏者演奏出的一系列滑音。很多页的曲线都显示出交叠的形状,因此就有多重的滑音同时发生。独奏者必须准备一份自己演奏其他乐曲的录音,当他在音乐会上演奏时会播放这些录音。曲线中有很多都记录了极小的微音程的音高范围,录音为声音赋予了更多的鬼魅般的奇异特质。《龙安寺》可以与任选的一段打击乐一起演奏,这段打击乐中包括了不同长度的不断反复的固定音型,演奏速度缓慢得几乎让人感觉不到规律的节拍。[10]

　　在《为五个管弦乐队所作乐曲三十首》的创作中,凯奇借用了系列版画《在表面》(On the Surface,1980-1992)的方法。这些版画中,凯奇把铜片当作图像的基础,现在他用一整张乐谱大小的纸代替铜片,然后按照随机操作把这张纸裁成不同形状的更小纸张,用这些不同形状的纸来确定音符的位置和所要演奏的乐器。如果其中某张纸落在乐谱纸的边缘上方,凯奇就会设计一系列具有不同节奏的不断反复的固定音型,由一小组乐器进行演奏。

如果说这部作品保留下来的演奏录音和稍后的《等等2/四支乐队》(*Etcetera 2/4 Orchestras*, 1986)的唯一一份录音准确地再现了音乐,那么在凯奇这一时期创作的管弦乐中,已经找不到像更早的《黄道天体图》和《美国公寓楼1776》(1976)那样富有感染力的作品了。乐曲的形式让人感觉太过熟悉,听起来像是早期依赖同样瞬间感情迸发的先锋派音乐,《等等2》中标了重音记号的短音符尤其如此。或许这要归因于演奏者以及管弦乐演出的性质本身。1964年纽约爱乐乐团演奏《黄道天体图》时,凯奇已经体验到了乐团成员对乐曲的亵渎。演奏者们一直把精力投注在19世纪交响乐及其美学观念中,他们认为凯奇的音乐无足轻重,因此毫无责任感地让演出变成了闹剧。不过,这两部管弦乐作品的声音密度似乎太大了,与相应的视觉艺术相比并不成熟。

《三十首》对记谱法的创新在凯奇创作生涯的最后阶段越来越重要。这部音乐作品的记谱是通过被他称为一系列"时间括号"(time brackets)的方式完成的,这种音乐节拍给予了演奏者一定的自由,让他们能够决定括号内的内容要在何时开始演奏,在何时结束。在左手一侧,在五线谱的上方,是单一时间点的标示(例如1′30″)或时间段的标示(例如26′15″<—>27′00″)。在右手一侧,是单一的时间点(比如说是3′30″)或第二个时间段(例如26′45″<—>27′30″)。在出现单一时间点的标示时,演奏者在1′30″开始演奏括号后的内容,并且必须在演奏到3′30″处结束。时间段的标示允许演奏者自由地在所给的时间范围内选择开始或停下的时间。在演奏时,演奏者会看着音乐控制台上的计时器,或者看着面向所有人的显示在大屏幕上的时间。

　　凯奇在更早的作品中已经运用了时间段的手法,最著名的例子就是《黑山事件》(*Black Mountain Event*,1952)。不过它们都是更宽泛的时间分割,包含的内容更为自由。通过"时间括号"方法的发展,一直反对由指挥控制整场演出的凯奇找到了一种优雅的解决方式。随着时间的推移,凯奇试验了不同长度的时间括号,后来又尝试了风格迥异的音乐内容。[11]

　　从 1983 年 12 月开始,凯奇的工作发生了很大变化,他开始使用计算机辅助大部分创作过程。作曲家安德鲁·卡尔弗(Andrew Culver)对凯奇的帮助很大。凯奇使用的大部分软件都是卡尔弗编写的,包括《易经》投掷硬币的模拟程序,以及供独奏与合奏作品采用的时间括号生成器。卡尔弗认为,计算机带来的自动化让凯奇可以把更多的时间投入到视觉艺术创作上。[12]1984 年,凯奇开始创造一系列为十六种乐器和噪音而作的作品,它们可以单独演奏或任意组合,也可以截取 30 分钟内的任意时长。《为＿＿＿作的音乐》(*Music for ＿＿＿*)结合了《弗里曼小提琴独奏练习曲》(1977-1980;1989-1990)中复杂而精湛的演奏手法,以及《为五个管弦乐队所作乐曲三十首》中重复的固定音型和单音,所有这些都记在一系列时间括号之内。卡尔弗的软件大大有助于凯奇处理这些作品。

　　20 世纪 80 年代的头几年里,凯奇在视觉艺术方面的活动主要以三大系列为中心:《变化和消失》(*Changes and Disap-*

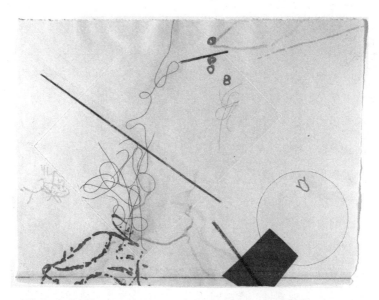

约翰·凯奇,《德罗》, no. 11(1982)。这是采用了铜版雕刻、凹铜版腐蚀制版法和蚀刻法的 38 幅版画,每幅版画印在两张印图(36x48cm)上。冠点画廊利拉·托兰印制

pearances, 1979 – 1982),《在表面》和《德罗》(*Déreau*, 1982),*Déreau* 是由 décor(装饰)和 Thoreau(梭罗)组合而成的混成词。《德罗》把来自梭罗绘画的图像按固定的位置雕刻下来,具体的位置是由随机操作决定的。作品的色彩又一次涉及多种颜色的复杂汇合,在 38 幅画面的制作过程中渐渐变化,这也是随机操作的结果。

　　凯奇 1983 年再次前往冠点画廊时带了很多石头,准备把这些石头用于和《龙安寺》主题有关的一系列版画。在创作《龙安寺》的音乐时,凯奇画下了石头的曲线,这些曲线可以按照音乐的方式从左向右解读。与此相对的是,凯奇现在要在铜版上放

置一些石头,采取铜版雕刻技术在石头周围刻下圆形轮廓,也就是仅在铜版上刻出线条。沿着石头刻出的单一图形,不足以营造出触动人的视觉效果,因此凯奇沿着每块石头周围多刻了些图形,方感满意。这一系列的作品在创作初期包括了大约15个围绕石头画出的图形,在后来完成的一些作品中图形数量增加到了数百个,到最后的系列时数量达到了三千多个。图形本身表现出不规则的密度,给人的感觉是一张稠密、不祥的图形之网。凯奇继续用同样的技巧绘制铅笔画,一直到他去世。[13]

间断了一年后,凯奇在1985年回到冠点画廊。这一次他开始利用火和标记进行不同实验。凯奇和他的助手在印刷机的平台上点燃报纸,再把潮湿的纸放到火里,这样就会让火熄灭,并在纸上留下烟熏过的一圈圈印迹。之后,凯奇用热茶壶在烟熏过的纸上标出印记。在这些作品的基础上,第二年凯奇就推出了非常漂亮的系列作品 *Eninka*。在这个系列中,凯奇用一条大铁链上的一个铁环在一种非常薄的日本纸上打标记,这种纸非常纤薄,在烟熏过程中使用的报纸上的词语或图像常常会印到纸上。[14]土褐色的纸张,简单的一圈圈印记,赋予这部作品一种空无的感觉,凯奇在生命最后阶段创作的音乐中所探究的,正是这种空无。

1988年,凯奇来到弗吉尼亚山湖(Mountain Lake)的迈尔斯·霍顿研究中心,凯奇在该工作室有过两次长期逗留,这是第一次。他在这里用水彩创作了很多视觉艺术作品。这次访问是由弗吉尼亚理工学院暨州立大学艺术教授雷·凯斯(Ray Kass)安排的。凯斯在1983年看到凯奇的《龙安寺》版画和绘画之后,即兴安排了工作室的活动。凯奇的绘画技巧及其作品的非常规性触动了凯斯,凯斯认为凯奇或许会喜欢用水彩创作。凯奇对此表示了谨慎的乐观态度,但还是同意了凯斯的提议。和以往一样,凯奇仍然聚焦于石头,这次他选择了从附近的新河(New River)边找到的一些大块卵石。他用羽毛制成的不同刷子沿着卵石画出轮廓,显示出漂亮的曲线,彩色当中有时会夹带着成条的白色。[15] 凯奇在 1990 年再次来到这里,创作了《河中卵石和烟》(*River Rocks and Smoke*)系列,这次是用石头轮廓画来装点熏烟纸,因此与 80 年代后期绘画的稀疏特点相一致。

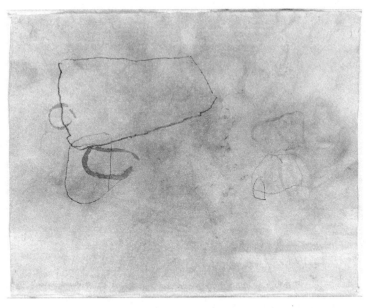

约翰·凯奇,《烟与天气,石与天气》(1991)。37 幅带有印在烟熏纸上的蚀刻效果的独特版画之一(40x51cm),冠点画廊保罗·马洛尼(Paul Mullowney)印制

凯奇在冠点画廊最后创作的作品所普遍显示出的倾向,是越来越多的约束。在《烟与天气,石与天气》(*Smoke Weather Stone Weather*,1991)中,他对石头轮廓的精致描绘采取了诸如糖水细点蚀刻法和腐蚀蚀刻法等多种技法,结果看起来几乎具有熏烟纸那样丰富的纹理轮廓。《没有地平线》(*Without Horizon*,1992)甚至进一步简化了这一过程,灰色的纸显示出的不是圆圈,而只是沿着所选石头一侧记下的简单记号,用十五种深度不同的黑色墨彩印制。形式表现的意义几乎可以忽略。[16]

除了视觉艺术作品之外,凯奇还为巴塞罗那的 Fundacio Espai Poblenou 设计了一处装置艺术,即《通过散文写作:论公民的不服从》(*Writings through the Essay*:*On the Duty of Civil Disobedience*,1985–1991),1998 年以后被安放在德国不来梅艺术馆的顶层。36 种声音源传递了凯奇通过计算机程序对《无声之文》(*Voiceless Essay*,1985)的解读,那是他对梭罗随笔的承袭。装置包括 24 盏灯和 6 把椅子,它们在空间中的位置是随机确定的。凯奇也帮助组织了"博物馆界"(Museum Circle)这样的展览,在活动中,慕尼黑的各家博物馆为巴伐利亚国家绘画收藏馆举办的展览提供作品,其摆放也是随机确定的。[17]

20 世纪 80 年代,学术界对凯奇的研究更加深入,一些文章、图书和会议都以凯奇为关注焦点。演奏凯奇的音乐也跻身重大事件之列,例如 1982 年 3 月 1–5 日在波多黎各大学的"凯奇周"活动,参与的人包括弗朗西斯·舒瓦茨(Francis Schwartz)、理查德·科斯特拉尼茨和丹尼尔·查尔斯。为了庆祝凯奇的 75 岁生日,卫斯理大学在 1988 年 2 月 22-27 日举行了更重大的"约翰·凯奇在卫斯理"研讨会,一批关于凯奇作品的出版物也随之问世。之后召开的其他会议包括在新墨西哥大学(1988 年 3 月 27-30 日)和斯坦福大学(1992 年 1 月 27-31 日)的研讨会。

卫斯理研讨会上最坚定的学者之一是詹姆斯·普里切特,他所受过的音乐训练让他能够通过素描材料演绎凯奇的方法,并能看出凯奇的个人喜好仍会影响其创作,不仅体现在创作前设计随机操作的计划方案上,有时也体现在实施这些计划方案的过程中。[18] 研究凯奇的众多评论者和学者几乎都在宣扬凯奇艺术的神秘莫测,认为凯奇似乎有无限广泛的兴趣。在这种时候,普里切特提出凯奇首先应被视为极有影响力的作曲家,并在后来的专题研究中讨论了凯奇的所有音乐。詹姆斯的范例影响了其他学者,让他们也把更多的注意力放在凯奇的创作方法上,由此对凯奇的文本和视觉作品以及音乐进行研究。[19]

凯奇最后的作品既回应了他获得的越来越多的嘉奖,同时也与之形成了对比。凯奇为卫斯理大学写了《无政府状态》(*Anarchy*,1987),这是他创作的另一篇嵌字作品。他借用了彼得·克鲁泡特金、梭罗和埃玛·戈尔德曼等无政府主义作家的各类作品以及诸如卡尔弗所注意到的有趣涂鸦"我们走出中美洲+波多黎各+曼哈顿"等这样的大杂烩。凯奇使用卡尔弗的《易经》软件在计算机上生成六角星形,用得出的数字选择以哪篇或哪几篇文本为出处,中间嵌入哪些内容。(除了文本本身以外,这些嵌入的词语还包括作者的姓名和书名。)而后,在吉姆·罗森堡（Jim Rosenberg）编写的"嵌入者"（MESOLIST）程序的帮助下，计算机会生成二十篇嵌字诗。最后的诗篇则把原有文本的诱人回声留在了背后：

New living
necessary buT
what Each individual does his actions
exist aMong the
new social relationshiPs it is the
revoLution is the constitution of
of people ceAses
socieTy's
nEw
iS more and more passing away [20]

新的方式

必要的但是

每个个体所做的行为

存在于

新的社会关系中那是

革命是组织

人们停止

社会的

新的

是越来越远去[20]

诗歌既没有表现出行动的过程，也没有惯常的对无政府主义观点的诗意诉求，而是与凯奇以往的作品一样介于二者之间。它或许只是个实际的例子，证明在个体组成的无政府主义社会中，生活和思想可能会是什么样子。

　　凯奇在1985年后创作的大部分音乐都与晚期文本创作的状况和声誉相同。海茵茨-克劳斯·梅茨格（Heinz-Klaus Metzger）和莱纳·希恩（Rainer Riehn）是长期以来一直支持凯奇的一对德国夫妇，凯奇应两人之邀创作了《欧罗巴歌剧1&2》（*Europeras 1&2*），于1987年首演。在这部作品中，演唱者依据时间括号按照自己的选择演唱一系列18世纪和19世纪歌剧节选，通常是很多演唱者共同演唱。为之伴奏的管弦乐队演奏的是凯奇安排的不同的歌剧片段，既有著名的歌剧，也有随机选出的内容。

　　梅茨格和希恩希望这部作品可以彻底推翻歌剧的传统。凯奇的想法总是积极的，最后他所纪念的是经常带来伤感怀旧情绪的媒介形式。由于有人纵火烧了歌剧院，乐队的音乐家也有意怠慢了凯奇为他们精选出的演奏内容，这部作品的首演不得不推迟。在那之后，凯奇又进一步创作了《欧罗巴歌剧3&4》（*Europeras 3 & 4*，1990）和《欧罗巴歌剧5》（*Europeras 5*，1991），这两部作品为较小的演出团体而作（歌手、钢琴家和音乐家表演他们用老式留声机预先录制的歌剧唱片）。

　　为梅尔塞·坎宁安舞蹈团创作的新作一如既往地让凯奇全力以赴。在《音乐雕塑》（*Sculptures Musicales*，1989）中，凯奇设计了一系列可发声的雕塑，它们会在剧院的不同地方依次发出声音。在演出时，这些雕塑会受到电子手段的控制，谁也无法预测它们会在何时发出震耳欲聋的声音吓人一跳，这让台上表演坎宁安的《发明》的舞者感到恼火。

与此同时，凯奇正在利用时间括号的技法探索素材极致的清晰度，同时也经常探索极其可观的时长。凯奇原本期待过他的《为＿＿＿＿而作的音乐》系列能够无限地进行下去，不过他还是在1987年听完全部十七篇作品后不再创造新的了。大约在同一时期，凯奇开始创作一个由四十多篇作品组成的系列，它们的题目仅仅指代演奏者的人数。第一首是《2》（1987），是为长笛和钢琴演奏谱的曲子。凯奇在谱写需要同样人数的演奏者的其他乐曲时，会在数字右上方加上一个阿拉伯数字的上标，从而区分不同的乐曲。例如小提琴和钢琴的二重奏《2^6》（1992）。凯奇为坎宁安的《海滩上的鸟》（*Beach Birds*）创作了《4^3》（1991）。在舞蹈《海滩上的鸟》的抒情效果中，舞者悠缓的动作和安宁平静被突如其来的奔跑、跳跃和优雅的旋转打断。在《4^3》中出现的是雨声器令人回味的沙沙声和长久持续的高音（这是在小提琴或电子振荡器上发出的），此外还有相距较远的两架钢琴发出的极其缓慢、没有伴奏的旋律。

与以往一样，凯奇在创作若干"数字编号作品"时，所想的是他自己的职责，是身体上受到的限制。1985年凯奇曾患轻度中风，之后健康每况愈下。凯奇还患上了严重的湿疹，不过他在离世前一年接受了实验性的治疗，症状大大减轻。以"4分33秒，第2号"（*4'33"*, *No. 2*）为副标题的作品《1^3》（1989），要求一位演奏者在有限空间内把音量调到最大，直至失真，而后他要加入听众的行列,与听众一起去听电子设备营造出的声音,时间则是不确定的。凯奇在1989年11月呈现了这部作品,与此同时凯奇获得了"京都奖",这一国际奖项是由日本稻盛和夫基金会捐资设立的,用于奖励那些为人类科学和文明的发展、为提高人类精神世界做出突出贡献的人士。[21]

凯奇在很多数字编号作品中直接表现出了他与宿敌之间的长久对抗——那个敌人就是和声。在这方面,凯奇受到了同时代的一些作品的影响,例如詹姆斯·坦尼的《关键乐团》(*Critical Band*)和保利娜·奥立佛洛斯所说的"深入倾听"的例子,这些作品的创作者深入探究了声音的关系。《关键乐队》中若干乐器奏出的单一乐音逐渐拓宽微分音,将一系列的频率包含在内,而"深入倾听"则是"培养对高水准声音的欣赏,扩展与所处环境的潜在的互动和联系,发展技术,拓宽在音乐和相关艺术领域与他人一起演出的可能性"[22]。作为这些体验的结果,凯奇发展了被他称作"无序和谐"(anarchic harmony)的观点,这种和谐并不遵循任何规则,只是在声音碰巧一起出现时注意到它们。[23]

凯奇最出色的数字编号作品之一《2^2》(1989)是为钢琴家埃德蒙·尼曼和努里特·蒂利斯的二人组合"双刃"所写的。在作品中,凯奇把无序和谐与连歌的原则出色地结合在一起。他在《2^2》中从几个方面表达了连歌的理念。首先,音乐的每一行都分成了五小节,从而与诗歌的五行相对应。第一小节包含五个音乐单元,也就是通常为两位钢琴家共有的单音或和弦,这与第一行的五个音节相似。第二小节有七个音乐单元。全篇一共有 36 个这样的五节乐段。钢琴家一次推进一个乐段。他们必须从左至右阅读音乐的每一小节,尽管他们可以用任何时长演奏一个小节,但是每名钢琴家必须等到两人都完成了同一小节才能继续演奏下一小节。这样,构成"一行"的"音节"排序就可以了然于心。[24]

在这部作品中可以发现所有的声音:不和谐的和弦与简单的三和弦、暧昧的单音友好共存。一些声音庄严崇高,一些声音显示出粗糙甚至未成型的作曲技巧。每当听者习惯了凯奇的演说方式,一些意料之外的声音就会突然出现,例如简单的七和弦,甚至显得单调的增三和弦,它们打破了之前的平衡,让人不知所措。把所谓不协调的因素混合在一起,对凯奇的美学至关重要,同时也是其作品的魔力之源。依靠凡俗与精雅的结合,凯奇终于能让作品不只是成为"艺术客体",而这种超越也是马塞尔·杜尚的作品中最让凯奇钦敬的特点,尽管凯奇能够达到杜尚式的理想。[25]

不过更有趣的是,如此众多的和弦会在一篇作品中反复出现,有时出现的甚至是一串一模一样的和弦。它们在整体上当然是由随机的程序和演奏决定的,这保证了一种模糊排序法,可以避免绝对的可预测性。[26]和弦的反复出现在逻辑上不太像是传统的音乐进程,而是如同朋友和熟人在人们的生命中来来去去。换句话说,这虽然不具有传统的意义,但是仍有其寓意。

在凯奇创作生涯的最后阶段,琼·雷塔莱科对凯奇的一系列访谈充分记录了凯奇的想法和每天的活动。她怀着爱意记下

176

了凯奇接的每一次电话,凯奇在句末加上的每一声"哼"(凯奇经常这样做),他们的每一次大笑。她甚至记下了安德鲁·卡尔弗为凯奇工作时发出的声音,朋友和同事偶尔来访的声音,还有凯奇心爱的猫咪洛萨(Losa)的叫声。[27]更令人心酸的是,她也记下了1992年7月11日凯奇的一次可怕经历——那天凯奇在自己家中遭到了一名装扮成UPS公司快递员的吸毒者的抢劫。凯奇受到了惊吓,但是很快就决定一切照常,不过此后他的朋友们开始保护他,以免他再受到可能的伤害。[28]

1992年是凯奇生命的最后一年,这一年他格外繁忙。除了1月在冠点画廊的工作之外,凯奇还参加了在斯坦福大学举行的"约翰·凯奇在斯坦福:大家都来了"(John Cage at Stanford: Here Comes Everybody)研讨会。除了与文学、哲学和其他领域的诸多学者重聚之外,凯奇还与老友诺曼·布朗(Norman O. Brown)见了最后一面。诺曼曾在一些主题上影响了凯奇的思想,但是1988年在提交给卫斯理研讨会的论文中,诺曼批评了凯奇在艺术创作中过于急切地追求冥想与阿波罗式的感觉,此后两人就变得疏远起来。[29]在斯坦福研讨上,布朗特别提到了凯奇一直不变的乐观主义,这种乐观与面临死亡威胁的现实形成了对照。雷塔莱科记下了两人不寻常的交流:

> "我不相信过去和现在都在这里;这与我感觉到了死亡有关……在这房间里,死神无处不在。"(布朗)边说边转过身看着凯奇。凯奇泰然地笑着说:"诺比,我准备好了。"[30]

约翰·凯奇和洛萨,1991 年

　　凯奇的最后一次演出是在 7 月 23 日,他与作曲家琼·拉·芭芭拉(Joan La Barbara)、钢琴家伦纳德·斯坦因(Leonard Stein)和在密尔斯学院教打击乐的威廉·怀南特(William Winant)一起演奏了《4⁶》(1992)。凯奇曾为芭芭拉创作过《为_____而作的音乐》的歌唱部分,斯坦因曾是勋伯格的学生,并担任加州大学洛杉矶分校勋伯格协会的理事。凯奇把自己对《4⁶》这部作品的贡献称为"令人震惊的声音"——凯奇最早是在《空洞的话语》中发现这种无法模仿的声乐的。8 月 11 日,凯奇突发严重的脑出血,第二天在圣文森医院(St. Vincent Hospital)去世。他离世前开始的工作尚未完成,生日庆典变成了悼念活动。

我们可以大胆推测，凯奇已经准备好了直面死神并在作品中预演了死亡的来临，因为凯奇最后的作品都体现出了无尽的虚空，例如《没有地平线》和歌剧《74》(Seventy-four, 1992)，管弦乐队的一半成员缓慢地奏出若干音高，另一半成员奏出不同的音高。实际上，凯奇即使是在最后阶段的创作中也还在进行自我颠覆。他最后完成的作品《13》(Thirteen, 1992)由一些包含漫长无休止旋律的时间括号组成，凯奇也希望写一部协奏曲，在乐曲中由 12 台收音机为无声的电视独奏者伴奏。[31]

这些矛盾体现出，在真正惊人的艺术变得越来越难以想象的时代，凯奇究竟打算把先锋艺术推进到什么程度。大卫·雷维尔(David Revill)在他开创性的传记作品中悲叹，先锋派在凯奇离世时就已不复存在，20 世纪 80 年代之后的年月里，更多的是回归而不是变革。[32] 但是，先锋派，尤其是约翰·凯奇所设想的先锋派，并非囿于一种方法或风格，而是一种思维习惯。只要艺术家怀有充满好奇的精神，在进行崇高发现的同时也乐于接受不幸的错误，变革就将继续发生。正如凯奇反复证明的那样，先锋派必然总是意味着异于已经存在的事物。

注　释

1　约翰·凯奇，《空洞的话语：作品集，'73–'78》(Middletown, CT, 1979)，第 184 页；科尔·加涅，特雷西·卡拉斯，《声音篇章：与美国作曲家的访谈》(Metuchen, NJ, 1982)，第 81 页。

2 丽贝卡·Y.金（Rebecca Y. Kim）指出,凯奇的声音起到了媒介作用,让他可以表现作者的退席;参考哥伦比亚大学博士论文《毫不含糊的音乐术语:凯奇的不确定性中的文化政治》(*In No Uncertain Musical Terms*:*The Cultural Politics of John Cage's Indeterminacy*)的最后一章,Columbia University,2008。

3 下面的讨论借鉴了对《主题与变奏》的介绍,见约翰·凯奇,《作曲回顾》(*Composition in Retrospect*,Cambridge,MA,1993),第 55 – 71 页。

4 同上,第 64 页。

5 同上,第 66 页,第 69 页。

6 约翰·凯奇,《X:作品集'79 – '82》(*X*:*Writings '79 – '82*,Middletown,CT,1983),第 163 页。

7 两次事件的录像参考艾伦·米勒(Allan Miller),《约翰·凯奇:我无话可说而我正在说它》(*John Cage*:*I Have Nothing To Say and I am Saying It*,New York,1990);彼得·格里纳韦(Peter Greenaway),《四个美国作曲家:约翰·凯奇》(*4 American Composers*:*John Cage*,London,1983)。

8 凯奇,《X》,第 123 页。

9 布赖恩·勃兰特在 2002 年 3 月 12 日与罗布·哈斯金斯的谈话。

10 凯奇实现了《龙安寺》的双簧管、长笛、声音、长号和低音大提琴的演奏;他在去世前正在创作大提琴的演奏版本。

11 关于凯奇对时间括号的运用的更多资料,参考本尼迪克特·维萨(Benedict Weisser),《约翰·凯奇:……整个世界都可以是声音——时间括号与数字编号作品,1981–1992》(*John Cage '... The Whole World Potentially Would be Sound'*:*Time-Brackets and the Number Pieces*,*1981–92*),《新音乐透视》(*Perspectives of New Music*),

XLI/2（2003），第 176-225 页；罗布·哈斯金斯，《声音的无政府社会：约翰·凯奇的数字编号音乐》（*Anarchic Societies of Sounds：The Number Pieces of John Cage*,Saarbrücken, 2009），第 79-109 页。

12　詹姆斯·普里切特，詹姆斯·坦尼（James Tenney），安德鲁·卡尔弗（Andrew Culver）和弗朗西斯·怀特（Frances White），《凯奇与计算机：座谈讨论会》（*Cage and the Computer：A Panel Discussion*），载大卫·伯恩斯坦，克里斯托弗·哈奇（Christopher Hatch）编，《关于凯奇的音乐、诗歌和艺术》（*Writings through John Cage's Music, Poetry, and Art*,Chicago,IL, 2001），第 193-198 页。

13　凯申·布朗（Kathan Brown），《约翰·凯奇的视觉艺术：让头脑冷静让心灵安宁》（San Francisco, CA, 2000），第 89-97 页。

14　同上，第 97-102 页。

15　约翰·凯奇，《新河水彩画》（*New River Watercolors*,Richmond, VA, 1988）。

16　杰里米·米勒（Jeremy Millar）等，《每一天都不错：约翰·凯奇的视觉艺术》（*Every Day is a Good Day：The Visual Art of John Cage*,London, 2010），第 146-151 页。

17　伍尔夫·赫尔索根哈特（Wulf Herzogenrath），《约翰·凯奇：接受生活的艺术家》（*John Cage：An Artist Who Accepts Life*），载伍尔夫·赫尔索根哈特和安德里亚斯·克罗伊尔（Andreas Kreul），《内在视觉中的声音：约翰·凯奇、马克·托比与罗伯特·格雷夫斯》（*Sounds of the Inner Eye：John Cage, Mark Tobey, Morris Graves*, Tacoma, WA, 2002），第 17-18 页。

18　詹姆斯·普里切特，《理解约翰·凯奇的偶然音乐：一种分析解读》（*Understanding John Cage's Chance Music：An Analytical Approach*），载《75 岁的约翰·凯奇》，理查德·弗莱明，威廉·达克沃思编，第

249–261 页。

19 詹姆斯·普里切特,《约翰·凯奇的音乐》(Cambridge,1993);克里斯托弗·沙尔提斯,《让沉默的自我发出声音:约翰·凯奇和美国实验传统》(*Sounding the Silenced Self*:*John Cage and the American Experimental Tradition*,Boston,MA,1998);凯申·布朗,《约翰·凯奇的视觉艺术》。

20 约翰·凯奇,《无政府》,收录于《75 岁的约翰·凯奇》,第 194 页。

21 《关于京都奖》(*About the Kyoto Prize*),网址为 www. inamori-f. or. jp/e_kp_out_out. html(2011 年 4 月 1 日刊登)。

22 保利娜·奥立佛洛斯(Pauline Oliveros),《任务陈述》(Mission Statement),"深入倾听协会"(Deep Listening Institute),网址为 http://deeplistening. org/site/content/about(2011 年 4 月 1 日刊登)。

23 哈斯金斯,《声音的无政府社会》,第 127–128 页。

24 《2^2》并没有运用时间括号。

25 关于凯奇对杜尚作品在这方面特点的看法,见约翰·凯奇,《音乐时代:凯奇谈词语、艺术和音乐;约翰·凯奇与琼·雷塔莱科的谈话》(Hanover,NH,1996),第 103–105 页。

26 关于《2^2》创作过程的描述,见罗布·哈斯金斯,《凯奇后期的音乐、分析与〈2^2〉中的连歌模式》(*On John Cage's Late Music, Analysis, and the Model of Renga in* Two^2),《美国音乐》,XXVII/3(2009),第 327–355 页。

27 凯奇,《音乐时代》。

28 同上,第 169–175 页。

29 更多资料参考克里斯托弗·沙尔提斯,《矛盾修辞的例证:诺曼·布朗对约翰·凯奇的评论》(*A Living Oxymoron*:*Norman O.*

Brown's Criticism of John Cage),《新音乐透视》, XLIV/2（2006）,
第 66-87 页。

30 引自凯奇,《音乐时代》, 第 xlii 页。

31 凯奇,《音乐时代》, 第 228 页。

32 大卫·雷维尔,《怒吼的沉默:约翰·凯奇的一生》(New York,
1992）, 第 302 页。

曲 终

　　凯奇的一生成败交织、跌宕起伏,要对他丰富的人生和创作生涯进行完整的评估,确实超出了本书的范畴。不过,若干客观的评论或许有助于证明,尽管凯奇的艺术创作复杂而充满矛盾,但是他的影响力经久不衰,胜过了 20 世纪其他所有的艺术家。

　　凯奇的性格本身就很复杂,他总是出了名的开朗活跃、躁动不安,这种特点也可以解释为什么他的作品会引发诸多误解,为什么人们倾向于怀疑或轻视他的创作活动。多年以来,凯奇的随机和不确定音乐大多遭到了忽视,他的作品主要被视为音乐哲学的体现,直到 20 世纪 80 年代仍然如此。批评家约翰·罗克韦尔(John Rockwell)做出了典型的评价:"但是并非所有的(凯奇的音乐),尤其是过去二十五年里的音乐,听起来都妙趣横生。它们既不是'耳朵倾听到的音乐'也不是'眼睛看到的音乐',或许可以说它们是'头脑中的音乐',因为这些作品与其说是作为乐曲,不如说是作为观念更加有趣。"[1] 由于凯奇运用随机操作的复杂方式缺乏清晰的解释,令演奏者、听众、作曲家和评论家念念不忘的只是给凯奇带来声名的那些作品——《4分33秒》（1952）、《钢琴与管弦乐队音乐会》（1958）、《羽管键琴曲》（1969）——更糟糕的情况则是完全忽视凯奇在1949年以后创作的所有作品。

不过凯奇从来都不缺少支持者，其中很多人都坚决有力地认同凯奇作为作曲家的价值。那些积极肯定凯奇成就的专业或业余的艺术家，特别是那些在音乐、写作或视觉艺术创作中追求创造性的人，都一直在关注凯奇。在人们对凯奇的多元化接受态度中，这种关注形成了最重要的力量。这些艺术家对文化图景产生的或积极或消极的冲击，或许远胜过其他任何钦敬并模仿更传统艺术家的群体所造成的影响。凯奇对于实验的开放心态，让这些艺术家中最优秀的人能够用不同寻常的新方法进行思考，能够为了新的目标改造现有的材料和技术手段，甚至是创造出全新的材料和技术手段。人们会说，这些艺术家将是最忠于约翰·凯奇的人。

另一方面，凯奇对自己创作的描述颇为晦涩，他通常不会清晰地说明演奏者在他的音乐作品中要发挥的作用，对于艺术也总是抱有一种轻松的态度。这些特点都有可能给人造成一种错觉，那就是谁想做什么都可以，结果演化成越是怪诞荒谬就越好。

"凯奇会赞许"，成了能让荒谬合理化的一句咒语，在不同的例子中最令人恼火的情况之一，或许是德国城市哈尔贝尔斯塔特（Halberstadt）持续演奏下去的风琴曲《风琴²/越慢越好》（*Organ*²/*ASLSP*）。凯奇在他早前创作的钢琴曲《*ASLSP*》的基础上,为德国风琴手格尔德·查赫尔(Gerd Zacher)安排了风琴部分,*ASLSP* 既指越慢越好(as slow as possible),同时也暗指乔伊斯的小说《芬尼根守灵夜》中的一个段落。后来,一些人对于这一标题的含义表示了公开疑惑,这尤其是因为风琴在理论上能够支持声音无限期地延续下去。哈尔贝尔斯塔特项目就代表了对其疑问的回答。

在布尔查迪教堂(Burchardi-Kirche)——二战之后曾作为养猪场的一个地方,人们安放了带有一些音管的风琴,同时还配备了电子装置,在运作时可以让空气不断地流过风管。2001 年9 月,装置刚刚启动的时候,唯一产生的声音就是气流声,最初的音高是在 2003 年 2 月 5 日听到的。正常情况下琴键当然是要由手指按下的,但是这里的琴键是由有分量的物体固定位置的,在 2004 年 7 月 5 日出现了音调的第一次变换。组织者也决定,这一场演奏将会在 2639 年结束。2000 年到那一年的时间差距与 1361 年到 2000 年的时间差距相同——在 1361 年,曾有一台风琴最早被安放在这里,那台风琴当然早已不见了。演奏依赖捐款——并不是所有需要用到的风管都已经做好并安装好了——哈尔贝尔斯塔特网站欣然募集了一千欧元,并将捐赠者的名字刻在饰板上,陈列在教堂里。"德国之声"错误地报道说,凯奇自己策划出了拥有不寻常时长的作品。在新闻通讯社的访谈中,活动的一位组织者自豪地说,"它并没有什么意义,它只是在那里"[2]。

然而,哈尔贝尔斯塔特项目的意义毕竟不容忽视,它在文化发展中所起到的作用,具有与凯奇本人的艺术实践相关的惊人后果。首先,凯奇总是认为自己创作的音乐是要在真实的时间中进行演奏的。1981 年,凯奇从保罗·祖科夫斯基那里得知,他的《弗里曼小提琴独奏练习曲》最新写出的部分让人无法演奏,于是他就暂停了该作品的创作。直到英国提琴手欧文·阿迪蒂(Irvine Arditti)以精湛技艺演奏出了已经完成的部分,凯奇才受到鼓舞,最终完成了这一系列作品。[3] 我们可以想象一群演奏者集合起来用 639 年的时间演奏《风琴[2]》,但是从凯奇的经历来看,我们很难想象他会支持人们用这么漫长的时间来演奏一部昔日之作,因为凯奇总是心系当下与未来。似乎可以肯定的是,凯奇认为,过分关注往昔并不能解决任何实际的社会问题。而且,凯奇渴望他的音乐在社会中发挥真实的作用。尽管哈尔贝尔斯塔特项目让一个长期经济低迷、党派之争严重的城镇实现了复兴,但是凯奇本人不支持任何特殊的、过于具体的项目,即使该项目具有崇高的或道德上恰当的理由。凯奇希望,我们时代的社会问题在全球范围内都能通过新事物的发明创造得到解决。总的来说,哈尔贝尔斯塔特项目与凯奇的想法相反,把进程变成了最糟糕的目标:没有哪个人能在有生之年完整地体验这一过程,这是人类衰颓的纪念碑。

不过与此同时,对于凯奇作品中毫无掩饰、具有彻底颠覆性的元素,热衷于凯奇的人都会予以认同。糟糕的是,近来学术界对于凯奇的关注无不倾向于使之正常化:剔除所有突如其来的改变、惊讶和震撼,仅仅留下一系列精心构想出的可以完好地解释一切的提议。然而凯奇的艺术不可能、也永远不会让人彻底解释清楚。他永远有能力让人恼火,令人困惑。即使是他最具诗意的作品,或许会让很多人忍俊不禁,而远不是从中得到启发。

与此相对的是,一些学者理解了凯奇对随机操作的运用,但是他们对凯奇的作品及其历史地位给出了不够成熟的解释。譬如,理查德·塔鲁斯金认为,对凯奇的偶然音乐的最佳理解,就是将之仅仅视为二战末期普遍存在的"零时"心态的体现。换句话说就是,很多先锋派作曲家感到迫切需要彻底改变艺术语言,方法则是诉诸创作前的精心设计、科学或数学模式和以大学校园为核心迅速发展的研究风气,而凯奇的作品仅仅是这种心态的表达。[4]

在塔鲁斯金看来,凯奇在 20 世纪 50 年代和之后创作的偶然音乐作品代表了绝对音乐的极致——这种音乐客体剥离了所有社会实用性,按照康德著名的构架,就是面向不偏不倚的沉思。这样一种音乐的功能,与 19 世纪德国音乐会呈现的近似于宗教崇拜对象的音乐并无二致,自这个世纪中叶起,在音乐会上普遍存在的就是庄重严肃、凝神静听的态度。

塔鲁斯金继续评论说,凯奇的偶然音乐和不确定音乐,把演奏者束缚到了凯奇的审美意志上,凯奇要求他们以超人的精湛技巧进行演奏,或是让人感到毫无道理地限制他们个人对音乐的诠释与投入。简而言之,塔鲁斯金眼中的作曲家凯奇就是个无情的自大狂,目标指向让听众屈从于他自己为之规定的音乐观:

那些只是噪音的声音突然成了音乐,原本是任意形成的动作突然成了"艺术创作"。随着钢琴盖的落下，美感就在纯粹的独断中形成了。听众受到邀请——不对，应该说是接到命令——怀着听贝多芬第九交响曲时的虔敬之情与尊崇之心，去倾听周围环境中的自然的声音。[5]

塔鲁斯金的大多数论据主要来自对凯奇的一种看法，这种看法最符合过于独断的《变化之乐》（1951）。不过到了1958年，凯奇已经自己否定了这部作品，将之视为怪物弗兰肯斯坦。[6]塔鲁斯金忽视了凯奇后来的偶然音乐，因此他的结论的可信度被大大削弱了。

塔鲁斯金认为演奏者在凯奇的音乐中无法发现新的东西，这种看法显然是错误的。塔鲁斯金引用了陈灵的话，将之作为主要证人。他认为陈灵"失去了演奏的乐趣"，她的自由被凯奇的随机操作剥夺了。"在你已经了解所有的素材之后，你能真正自然地进行演奏吗？如果这是他第一次听，那么对他（也就是凯奇）来说是一种发现，但是对我来说这并不是发现。"[7]陈灵的这一评论似乎无法与她对凯奇作品投入的激情相协调。陈灵对这一事件作出了下面的回复：

我在20世纪80年代晚期对大卫·雷维尔说了这样的话。那时我并不知道这将会让我一再感到后悔自责。我在无意之间给反对凯奇的阵营送上了一份礼物，让他们在振振有词地对凯奇的哲学和音乐创作法大张挞伐时又多了一些可以说的伤人话。

二十年过去了。随着经历的增加，回首往事，我越来越觉得需要纠正当年一时冲动说出的话，那时的我还在摸索不确定性究竟意味着什么。

凯奇谈起他后期的作品时说，他在听到人们演奏这些作品时感到特别吃惊，因为他在运用随机法进行创作时并没有在想象中听到音乐的声音。演奏者要负责任地做好演出的准备，必须自己了解和熟悉材料。我正是在这种关键时刻做出那段评论的。那时我正在绞尽脑汁面对多钢琴作品《1^2》(1989)的挑战，那是凯奇为我创作的不确定音乐。

在几次无法令人满意的演奏之后，我意识到仅仅读乐谱是不够的。我还必须进行练习，充分了解素材，让演奏成为自然的反应。达到这种熟悉程度本身并不是目的，而是要把我解放出来，让我可以**在演奏的时候自然**且自信地利用多种可能性。这样可能造成对乐曲极度不确定的诠释。对于我这个既是演奏者又是共同创造者和倾听者的人来说，此后的每次不由自主、不可重复的演奏经历，都会保留一些令我为之惊奇的因素。我最后终于理解了凯奇对我说的，"……走到每台钢琴边时你才会知道要做什么，在钢琴前你手上有什么就弹什么"[8]。

悖论的是，凯奇音乐最优秀的演奏者们准备得如此充分，以至于可以开放地面向预料之外的东西，不论那些是源自他们自身还是外部环境。

尽管凯奇的想法独具特色、精彩出众，但是他在 1950 年之后的创作和美学观念有其局限性。凯奇反对所有极致的情感表达和身体展示；他的舞台概念否定了演员展现个性的可能性，反而使演员成为失去灵魂、没有性别的木偶；他从未觉得表演者的直觉能够为音乐增添意义；他一直怀疑品味本身是否能成为新音乐的源头之一。从这个意义上看，对于真正的新型人文

陈灵和约翰·凯奇在惠特尼美国艺术博物馆，1991 年

主义艺术,凯奇的做法并不能支持其发展。

　　然而凯奇从未想过要将个性表达从他的作品中剔除,相反,他只是希望不强加自己的独特想法和感受,不去强制性地控制表演者和观众,而是让他们可以享受自己的体验。体现在凯奇艺术中的禅宗原则时至今日仍然至关重要,其核心就是有能力去爱并在被爱者周围留下空间,有能力去感受并释放情感。通过发展这些原则,人类可以开创并发展一种新的主体性,从而迈向凯奇所希冀的社会理想。

注　释

1　约翰·罗克韦尔(John Rockwell),《完全是美国音乐:20 世纪晚期的作曲》(*All American Music*: *Composition in the Late Twentieth Century*, New York, 1983), 第 53 页。

2　www. john-cage. halberstadt. de/new/index. php? seite = chronik&l = e;《一千人在世间最长的音乐会上听到音调的变换》(*One Thousand Hear Change of Note in World's Longest Concert*), 见 www. dw-world. de/dw/article/0,,3463502,00. html (2010 年 4 月 13 日刊登)。

3　詹姆斯·普里切特,《约翰·凯奇完成弗里曼小提琴独奏练习曲》(*The Completion of John Cage's Freeman Etudes*),《新音乐透视》, xxxii/2 (1994 夏季刊),第 264-271 页。

4　理查德·塔鲁斯金,《牛津西方音乐史》(*The Oxford History of Western Music*,Oxford, 2005),第五卷, 第 63-65 页。对于这个问题,同样有倾向性的先锋作曲家,包括皮埃尔·布列兹,米尔顿·巴比特等人,在完成最早期的创作之后,对他们作品的技术和美学基础采取了更加细致入微的方法。有关介绍参考约瑟夫·N.斯特劳斯,《美国的十二音音乐》(Cambridge, 2010)。

5　塔鲁斯金,《牛津西方音乐史》,第五卷,第71页。

6　约翰·凯奇,《沉默》(Middletown, 1961),第36页。

7　理查德·塔鲁斯金,《牛津西方音乐史》第五卷,第76页。对陈灵的引用最早刊登于大卫·雷维尔(David Revill),《怒吼的沉默:约翰·凯奇的一生》(New York, 1992),第190页。

8　陈灵在2011年3月29日写给罗布·哈斯金斯的电子邮件。同时参考陈灵,《约翰·凯奇提出的最后一些问题》(*John Cage Poses a Few Last Questions*),《纽约时报》,1993年8月1日, p.2.27,其中描述了她在凯奇最后一次中风发作的前一天与凯奇的最后一次会面。

参考文献

档案资料

　　凯奇的音乐手稿和草图收藏在纽约公共图书馆；信件（其中包括写给与《记谱》[*Notations*, 1969]项目有关的作曲家的书信）在伊利诺伊州埃文斯顿西北大学归档。卫斯理大学（康涅狄格州米德尔顿）保存了与凯奇的文学作品有关的资料；加州大学圣塔克鲁兹分校（University of California Santa Cruz）藏有凯奇关于菌类的书籍。

约翰·凯奇作品

　　这一列表依循时间顺序，不包括文本中具体引用的凯奇的文章，因为所有这些文章都发表在本参考书目所列出的书中；文章的出处可以根据注释确定。

Silence：*Lectures and Writings*（Middletown, CT, 1961）

A Year from Monday：*New Lectures and Writings*（Middletown, CT, 1967）

Notations（New York, 1969）

M：*Writings*，'*67*-'*72*（Middletown, CT, 1973）

For the Birds: John Cage in Conversation with Daniel Charles, ed. Tom Gora and John Cage, trans. Richard Gardner (Boston, MA, 1981)

Themes & Variations (Barrytown, NY, 1982)

X: Writings, '79-'82 (Middletown, CT, 1983)

'MUSHROOMS et Variationes', in *The Guests Go in to Supper*, ed. Melody Sumner, Kathleen Burch and Michael Sumner (Santa Fe, NM, 1986), pp. 28 -96

I-VI: MethodStructureIntentionDisciplineNotationIndeterminacyInterpenetrationImitationDevotionCircumstancesVariableStructureNonunderstandingContingencyInconsistencyPerformance (Cambridge, MA, 1990)

John Cage, Writer: Previously Uncollected Pieces, ed. Richard Kostelanetz (New York, 1993)

Composition in Retrospect (Cambridge, MA, 1993)

'Overpopulation and Art', in *John Cage: Composed in America*, ed. Marjorie Perloff and Charles Junkerman (Chicago, IL, 1994), pp. 14-38

'Mesostics', in *Ästhetik und Komposition: zur Aktualität der Darmstädter Ferienkursarbeit*, ed. Gianmario Borio and Ulrich Mosch (Mainz, 1994), pp. 7-11

Musicage: Cage Muses on Words, Art, Music; John Cage in Conversation with Joan Retallack (Hanover, NH, 1996)

Anarchy (Middletown, CT, 2001)

展品目录

Addiss, Stephen, and Ray Kass, eds, *John Cage: Zen Ox-Herding Pictures* (New York, 2009)

The Anarchy of Silence: John Cage and Experimental Art (Barcelona, 2009)

Cage, John, Arbeiten auf Papier (Wiesbaden, 1992)

—, *Etchings, 1978-1982* (Oakland, CA, 1982)

—, *New River Watercolors* (Richmond, VA, 1988)

Herzogenrath, Wulf, and Andreas Kreul, *Sounds of the Inner Eye: John Cage, Mark Tobey, Morris Graves* (Tacoma, WA, 2002)

Kass, Ray, *The Sight of Silence: John Cage's Complete Watercolors* (Roanoke, VA, 2011)

Millar, Jeremy, et al., *Every Day is a Good Day: The Visual Art of John Cage* (London, 2010)

Rolywholyover: A Circus (New York, 1993)

其他资料

'About the Kyoto Prize', http://www.inamori-f.or.jp/e_kp_out_out.html (accessed 1 April 2011)

Artaud, Antonin, *The Theater and its Double*, trans. Mary Caroline Richards (New York, 1958)

B., J., 'Look, No Hands! And It's "Music"', *New York Times*, 15 April 1954, p. 34

Baynes, Cary F., trans., *The I Ching, or Book of Changes: The Richard Wilhelm Translation Rendered into English* (Princeton, NJ, 1950)

Bernstein, David W., 'Music, I: To the late 1940s,' in *The Cambridge Companion to John Cage*, ed. David Nicholls (Cambridge, MA, 2002), pp. 63–84

—, and Christopher Hatch, eds, *Writings through John Cage's Music, Poetry, and Art* (Chicago, IL, 2001)

Blofeld, John, trans., *The Zen Teaching of Huang Po on the Transmission of Mind* (New York, 1994)

Boulez, Pierre, *Stocktakings from an Apprenticeship*, trans. Stephen Walsh (Oxford, 1991)

Brandt, Brian, conversation with Rob Haskins, 12 March 2002

Brown, Carolyn, *Chance and Circumstance: Twenty Years with Cage and Cun-*

ningham(New York , 2007)

Brown , Kathan , *John Cage Visual Art: To Sober and Quiet the Mind* (San Francisco , CA , 2000)

—, ' Visual Art ' , in *The Cambridge Companion to John Cage* , ed. David Nicholls (Cambridge , 2002) , pp. 109–27

Broyles , Michael , ' Art Music from 1860 to 1920 ' , in *The Cambridge History of American Music* , ed. David Nicholls (Cambridge , 1998) , pp. 214–54

Bryars , Gavin , ' Vexations and its Performers ' , *jems: An Online Journal of Experimental Music Studies* (1983) , reprinted online 2004 , at www. users. waitrose. com/ ~ chobbs/Bryars. html#_ednref6 (accessed 18 June 2009)

Carter , David , ' Surface Noise: A Cageian Approach to Electronica ' , *Popular Music Online* , 1 (2009) , at www. popular – musicology – online. com/ issues/01/carter–01. html (accessed 22 March 2011)

The Collected Essays of Milton Babbitt , ed. Stephen Peles et al. (Princeton , NJ , 2003)

' Composer Pays for Piece of Silence ' , cnn [online] , http://articles. cnn. com/ 2002–09–23/entertainment/uk. silence_1_peters–edition–nicholas–riddle– john–cage–trust? _s = pm: showbiz (accessed 26 May 2011)

Cowell , Henry , *New Musical Resources* , ed. David Nicholls (Cambridge , 1995)

—, ' Who is the Greatest Living Composer? ' , *Northwest Musical Herald* , 7 (March–April 1933) , p. 7

—, ed. , *American Composers on American Music* (Stanford , CA , 1933)

Cross , Lowell , ' *Reunion*: John Cage , Marcel Duchamp , Electronic Music and Chess ' , *Leonardo Music Journal* , 9 (1999) , pp. 35–42

DeLapp-Birkett , Jennifer , ' Aaron Copland and the Politics of Twelve-Tone Composition in the Early Cold War United States ' , *Journal of Musicological Research* , XXVII/1 (2008) , pp. 31–62

Fleming , Richard , and William Duckworth , eds , *John Cage at Seventy-Five* (Lewisburg , PA , 1989)

Fletcher, Laura, and Thomas Moore, 'John Cage: An Interview', *Sonus*, XIII/2 (Spring 1983), pp. 16-23

Friedman, B. H., *Give My Regards to Eighth Street: Collected Writings of Morton Feldman*, Cambridge, MA, 2000)

Gagne, Cole, and Tracy Caras, *Soundpieces: Interviews with American Composers* (Metuchen, NJ, 1982)

Gann, Kyle, *No Such Thing as Silence: John Cage's '4'33"'* (New Haven, CT, 2009)

Gena, Peter, 'Re: John Cage and Song Books in Buffalo', online posting, 5 December 1997, *Silence: The John Cage Discussion List*, http://replay.waybackmachine. org/20021019110839/http://www. newalbion. com/artists/cagej/silence/html/1997q4/0292. html (accessed 26 March 2011)

Goldberg, Jeff, 'John Cage', *Transatlantic Review*, 55/56 (1976), pp. 103-10

Greenaway, Peter, *4 American Composers: John Cage* [video] (London, 1983)

Gropius, Walter, et al., *The Theater of the Bauhaus*, trans. Arthur S. Wensinger (Middletown, CT, 1961)

Haskins, Rob, *Anarchic Societies of Sounds: The Number Pieces of John Cage* (Saarbrücken, 2009)

—, 'John Cage and Recorded Sound: A Discographical Essay', *Notes: The Journal of the Music Library Association*, LXVII/2 (2010), pp. 382-409

—, 'On John Cage's Late Music, Analysis, and the Model of Renga in Two^2', *American Music*, XXVII/3 (2009), pp. 327-55

Heimbecker, Sara, '*HPSCHD*, Gesamtkunstwerk, and Utopia', *American Music*, XXVI/4 (2008), pp. 474-98

Herwitz, Daniel, *Making Theory/Constructing Art: On the Authority of the Avant-Garde* (Chicago, IL, 1993)

Herzogenrath, Wulf, 'John Cage: An Artist Who Accepts Life', in Wulf Herzogenrath and Andreas Kreul, *Sounds of the Inner Eye: John Cage, Mark To-*

bey, *Morris Graves* (Tacoma, WA, 2002), pp. 2-23

Hicks, Michael, ' Cage ' s Studies with Schoenberg ', *American Music*, VIII/2 (1990), pp. 125-40

—, *Henry Cowell*, *Bohemian* (Urbana, il, 2002)

Hines, Thomas J. , ' "Then Not Yet ' Cage ' " : The Los Angeles Years, 1912-1938 ', in *John Cage: Composed in America*, ed. Marjorie Perloff and Charles Junkerman (Chicago, IL, 1994), pp. 65-99

Hollander, John, ' *Silence*' , reprinted in *Writings about John Cage*, ed. Richard Kostelanetz (Ann Arbor, MI, 1993), pp. 264-9

The Huang-Po Doctrine of Universal Mind, trans. Chu Ch' an [John Blofeld] (London, 1947)

Hughes, Allen, ' Hundreds Walk Out of Premiere of John Cage ', *New York Times*, 5 November 1976, p. 48

Husarik, Stephen, ' John Cage and Lejaren Hiller: HPSCHD, 1969 ', *American Music*, I/2 (Summer 1983), pp. 1-21

Johnson, Thomas F. , ' C. F. Peters: Past and Present ', *Musical America*, LXXXII/10 (October 1962), pp. 12-13

Johnston, Jill, ' There is No Silence Now ', in *John Cage: An Anthology*, ed. Richard Kostelanetz (New York, 1994), pp. 145-9

Joseph, Branden W. , ' Chance, Indeterminacy, Multiplicity' , in *The Anarchy of Silence: John Cage and Experimental Art* (Barcelona, 2009), pp. 210-38

Kim, Rebecca Y. , ' In No Uncertain Musical Terms: The Cultural Politics of John Cage' s Indeterminacy' , PhD dissertation, Columbia University, 2008

Klosty, James, *Merce Cunningham* (New York, 1975)

Kostelanetz, Richard, ed. , *Conversing with Cage*, 2nd edn (New York, 2002)

—, ed. , *John Cage: An Anthology* (New York, 1994)

—, ed. , *Writings about John Cage* (Ann Arbor, MI, 1993)

Kropotkin, Peter, ' " Anarchism", from *The Encyclopædia Britannica* ' , in *The Conquest of Bread and Other Writings*, ed. Marshall Shatz (Cambridge,

1995) , pp. 233-47

Leach, Mary Jane, email to Rob Haskins, 25 March 2011

Levitz, Tamara, ' Syvilla Fort' s African Modernism and John Cage' s Gestic Music: The Story of *Bacchanale* ' , *South Atlantic Quarterly*, CIV/1 (2005) , pp. 123-49

Lucier, Alvin, *Notes in the Margins* (Middletown, CT, 1988)

Martin, James J. , *Men Against the State: The Expositors of Individualist Anarchism in America*, 1827-1908 (De Kalb, IL, 1953)

Mary, Maureen, ' Letters: The Brief Love of John Cage for Pauline Schindler, 1934-1935' , *ex tempore*, VIII/1 (1996) , pp. 1-26

Mattis, Olivia, ' Conversation with John Cage, New York City (in Cage' s Apartment) , 28 July 1988, 4-5: 15 p. m. ' (unpublished)

Miller, Allan, *John Cage: I Have Nothing to Say and I am Saying It* [video] (New York, 1990)

Miller, Leta E. , ' Cage, Cunningham, and Collaborators: The Odyssey of *Variations v*' , *Musical Quarterly*, LXXXV/3 (2001) , pp. 547-67

—, ' Cultural Intersections: John Cage in Seattle, 1938-1940 ' , in *John Cage: Music, Philosophy, and Intention*, 1933 - 1950, ed. David W. Patterson (New York, 2002) , pp. 47-82

—, ' Henry Cowell and John Cage: Intersections and Influences, 1933-1945 ' , *Journal of the American Musicological Society*, LIX/1 (2006) , pp. 47 -112

Nattiez, Jean-Jacques, and Robert Samuels, eds, *The Boulez-Cage Correspondence* (Cambridge, 1993)

Nicholls, David, ' Cowell, Henry ' , in *Grove Music Online. Oxford Music Online*, at www. oxfordmusiconline. com/subscriber/article/grove/music/ 06743 (accessed 16 March 2011)

—, *John Cage* (Urbana, IL, 2007)

—, ed. , *The Cambridge Companion to John Cage* (Cambridge, 2002)

Oliveros, Pauline, ' Mission Statement', at the Deep Listening Institute, http://
    deeplistening. org/site/content/about (accessed 1 April 2011)

Patterson, David W. , ' Appraising the Catchwords, *c.* 1942 - 1959: John
    Cage's Asian-Derived Rhetoric and the Historical Reference of Black
    Mountain College', PhD dissertation, Columbia University, 1996

—, ' Cage and Asia: History and Sources ', in *The Cambridge Companion to
    John Cage*, ed. David Nicholls (Cambridge, 2002), pp. 41–59

—, ' The Picture that is Not in the Colors: Cage, Coomaraswamy, and the
    Impact of India ', in *John Cage: Music, Philosophy, and Intention*, 1933 –
    1950, ed. David W. Patterson (New York, 2002), pp. 177–215

—, ed. , *John Cage: Music, Philosophy, and Intention*, 1933–1950 (New York,
    2002)

Perloff, Marjorie, and Charles Junkerman, eds, *John Cage: Composed in
    America* (Chicago, IL, 1994)

Pritchett, James, *The Music of John Cage* (Cambridge, 1993)

—, ' Understanding John Cage's Chance Music: An Analytical Approach ', in
    John Cage at Seventy-Five, ed. Richard Fleming and William Duckworth
    (Lewisburg, PA, 1989), pp. 249–61

—, ' What Silence Taught John Cage: The Story of 4'33"', in *The Anarchy of
    Silence: John Cage and Experimental Art* (Barcelona, 2009), pp. 166–77

Reidy, Brent, ' Our Memory of What Happened is Not What Happened: Cage,
    Metaphor, and Myth', *American Music*, XXVIII/2 (2010), pp. 211–27.

Retallack, Joan, *The Poethical Wager* (Berkeley, CA, 2003)

—, James Tenney, Andrew Culver and Frances White, ' Cage and the
    Computer: A Panel Discussion ', in *Writings through John Cage's Music,
    Poetry, and Art*, ed. David W. Bernstein and Christopher Hatch (Chicago,
    IL, 2001), pp. 190–209

Revill, David, *The Roaring Silence: John Cage, a Life* (New York, 1992)

Rockwell, John, *All American Music: Composition in the Late Twentieth Century*

(New York, 1983)

Schwartz, Stephen, *From West to East: California and the Making of the American Mind* (New York, 1998)

Shultis, Christopher, ' Cage and Europe' , in *The Cambridge Companion to John Cage*, ed. David Nicholls (Cambridge, 2002) , pp. 20-40

—, ' A Living Oxymoron: Norman O. Brown's Criticism of John Cage' , *Perspectives of New Music*, XLIV/2 (2006) , pp. 67-87

—, *Silencing the Sounded Self: John Cage and the American Experimental Tradition* (Boston, MA, 1998)

Silverman, Kenneth, *Begin Again: A Biography of John Cage* (New York, 2010)

Straus, Joseph N. , *Twelve-Tone Music in America* (Cambridge, 2009)

Tan, Margaret Leng, email to Rob Haskins, 29 March 2011

—, ' John Cage Poses a Few Last Questions' , *New York Times*, 1 August 1993, p. 2. 27

Taruskin, Richard, *The Danger of Music and Other Anti-Utopian Essays* (Berkeley, CA, 2010)

—, *The Oxford History of Western Music*, 6 vols (Oxford, 2005)

Thomson, Virgil, ' Expressive Percussion' , in *John Cage: An Anthology*, ed. Richard Kostelanetz (New York, 1994) , pp. 71-3

Thorman, Marc, ' Speech and Text in Compositions by John Cage, 1950 – 1992' , DMA dissertation, City University of New York, 2002

—, ' John Cage's Letters to Erik Satie' , *American Music*, XXIV/1 (2006) , pp. 95-123

Tomkins, Calvin, *The Bride and the Bachelors: The Heretical Courtship in Modern Art* (New York, 1965)

Waldman, Anne, and Marilyn Webb, eds, *Talking Poetics from Naropa Institute: Annals of the Jack Kerouac School of Disembodied Poetics*, 2 vols (Boulder, CO, 1978)

Watts, Alan, *Zen*, Stanford, CA, 1948)

Weisser, Benedict, 'John Cage: "... The Whole World Potentially Would be Sound": Time-Brackets and the Number Pieces, 1981-92', *Perspectives of New Music*, XLI/2 (2003), pp. 176-225

网站

Chaudon, André, *John Cage Database*
www. johncage. info

Emmerik, Paul van, Herbert Henck and András Wilheim, *A John Cage Compendium*
www. xs4all. nl/ ~ cagecomp

The John Cage Trust
http://johncage. org

Pritchett, James, *Writings on John Cage (and Others)*
www. rosewhitemusic. com/cage/index. html

Ronsen, Josh, *John Cage Online*
http://ronsen. org/cagelinks. html

Silence: The John Cage Discussion List
https://lists. virginia. edu/sympa/info/silence

UbuWeb ['a completely independent resource dedicated to all strains of the avant-garde, ethnopoetics, and outsider arts']
www. ubu. com

凯奇唱片目录选

凯奇一生创作了三百多部音乐作品。除了 25 周年回顾音乐会之外，本目录中列出的作品均依循时间先后次序排列，并遵循乐曲创作时的标题而非唱片的名字。

Sonata for Clarinet (1933) , John Anderson (Etcetera KTC 3002 , 1992)

Imaginary Landscape No. 1 (1939) , Percussion Group Cincinnati (Mode 229, 2011)

First Construction (*in Metal*) (1939) , Amadinda Percussion Group and Zoltán Kocsis (Hungaroton HCD 31844 , 1999)

Bacchanale (1940) , Margaret Leng Tan (New Albion NA070 , 1994)

Credo in us (1942) , Quatuor Hêlios (Wergo WER 6651 , 2001)

Four Walls (1944), Margaret Leng Tan and Joan La Barbara (New Albion NA037CD , 1991)

Sonatas and Interludes for Prepared Piano (1946 – 48), Philipp Vandré (Mode 50 , 1996)

The Seasons (1947), American Composers Orchestra and Dennis Russell Davies (ECM 1696 , 2000)

String Quartet in Four Parts (1950), LaSalle Quartet (Brilliant Classics 9187,

2010)

Concerto for Prepared Piano and Chamber Orchestra(1950–51),Margaret Leng
   Tan,American Composers Orchestra and Dennis Russell Davies(ECM 1696,
   2000)

The 25-Year Retrospective Concert of the Music of John Cage,John Cage et al.
   (Wergo 6247–2,1994)

Indeterminacy(1958),John Cage and David Tudor (Smithsonian/Folkways SF
   40804/05,1992)

Aria(1958),Cathy Berberian (Time Records Series 2000 s/8003,1961 or 1962)

Cartridge Music (1960), David Tudor, Takehisa Kosugi and Michael Pugliese
   (Mode 24,1991)

Atlas Eclipticalis with *Winter Music* (1961–2),David Tudor,S. E. M. Ensemble
   and Petr Kotik (Asphodel 2000,2000)

Variations III (1963),Motion Ensemble (Mode 129,2003)

Variations IV (1963),John Cage and David Tudor (Legacy 439,2000)

Diary: How to Improve the World (*You Can Only Make Matters Worse*)(1967–
   82),John Cage (Wergo 6231–2,1992)

HPSCHD (1969), Robert Conant and Joel Chadabe (Electronic Music
   Foundation EMF CD 038,2003)

Cheap Imitation(1969),John Cage (Cramps crs CD 117,1989)

'Solo for Voice 58' from *Song Books* (1970),Amelia Cuni,Werner Durand,
   Raymond Kaczynski and Federico Sanesi (Other Minds OM 1010–2,2007)

Empty Words,part 3 (1973–4),John Cage (Ampersand Ampere 6,2004)

Etudes Australes (1974),Grete Sultan (Wergo 6152–2,1987)

Freeman Etudes,Books One and Two (1977–80), Irvine Arditti (Mode 32,
   1993)

Hymns and Variations(1979),Vocal Group Ars Nova (Mode 71,1998)

Roaratorio (1979), John Cage, Joe Heaney, Seamus Ennis, Paddy Glackin,

Matt Malloy, Peadher Mercier and Mell Mercier (Mode 28/29, 2002)

Mirakus[2] (1984) , Joan La Barbara (New Albion Records NA 035, 1990)

Ryoanji (version for bass, 1984) , Stefano Scodanibbio (Wergo 6713-2, 2009)

Sculptures Musicales (1989) , Chance Operations Collective of Kalamazoo (OgreOgress 634479962141, 2008)

Two[2] (1989) , Rob Haskins and Laurel Karlik Sheehan (Mode 193, 2008)

Europeras 3 &4 (1990) , Long Beach Opera (Mode 38/39, 1995)

Fourteen (1990) , Stephen Drury and the Callithumpian Consort of New England Conservatory (Mode 57, 1997)

Freeman Etudes, Books Three and Four (1980; 1989-90) , Irvine Arditti (Mode 37, 1994)

Four[3] (1991) , Martine Joste, Ami Flammer, Dominique Alchourroun and Jean-Michaut (Mode 44, 1995)

One[10] (1992) , Irvine Arditti (Mode 100, 2001)

Seventy-four (1992) , American Composers Orchestra and Dennis Russell Davies (ECM 1696, 2000)

Four[6] (1992) , John Cage, Joan La Barbara, Leonard Stein and William Winant (Music and Arts CD-875, 1995)

Thirteen (1992) , Ensemble 13 and Manfred Reichert (CPO 999 227-2, 1993)

致　谢

　　帮助过我的人是如此之多,倘若能把他们的名字都列出来,呈现出的将是一份让人没有耐心读下去的长长的名单,而且我也不得不遗憾地说,再长的名单也仍有挂一漏万的可能。不过我还是要在这里向一些人表示感谢,他们代表的是所有帮助过我的人。感谢 Reaktion 图书编辑部主任薇薇安·康斯坦丁诺普洛斯(Vivian Constantinopoulos)的耐心和善意;感谢约翰·凯奇基金会(John Cage Trust)董事劳拉·库恩的好脾气和大力支持;感谢琼·雷塔莱科,是她推荐我完成这一项目,而且我对凯奇的看法在很大程度上受到了她的作品的影响;感谢 Mode 唱片公司的布赖恩·勃兰特为我提供了凯奇音乐的这么多美妙录音,事实上其中有一些是我以前从未听说过的;感谢陈灵曼妙的演出;感谢乔治·亚当姆斯(George Adams)为我提供灵感和有价值的研究帮助;感谢众多阅读了我的一部分手稿的朋友,特别是艾拉·拜里克(Ira Byelick)、R. A. 莫尔德斯(R. A. Moulds)和斯科特·彭德(Scott Pender);感谢新罕布什尔大学文学院为我的工作提供资金,感谢我的学生和同事,是他们让

207

我的工作既有价值又有趣味。

为我提供了不可或缺的支持的,还有我的父母和我的两只猫咪哈利和福雷雅。最重要的是,最后我要感谢劳蕾尔·卡利克·希恩(Laurel Karlik Sheehan)的情谊,过去近三十年里我们一起分享了无数的音乐体验。

图片致谢

本书作者和出版商感谢提供以下图片材料和/或允许使用图片的机构:

约翰·凯奇基金会允许使用:第 154,6,14,16,17,26,57,64,66,96,114 页(赫维·格洛高恩[Herve Glogauen]),第 122,145,146,167,169,178 页(勒内·布洛克[Rene Block]);坎宁安舞蹈基金会/梅尔塞·坎宁安基金会(Cunningham Dance Foundation/Merce Cunningham Trust)允许使用:第 107 页;电子音乐基金会(Electronic Music Foundation)允许使用:第 116 页;© 1960,Henmar Press,彼得斯公司(C. F. Peters Corporation)允许使用:第 81 页,第 94 页;© 1975,Henmar Press,彼得斯公司允许使用:第 134 页;© 1984,Henmar Press,彼得斯公司允许使用:第 163 页;乔治·希罗斯(George Hirose)允许使用:第 191 页;詹姆斯·克罗斯提(James Klosty)允许使用:第 89 页,127 页;乔凡尼·潘奇诺(Giovanni Pancino)允许使用:第 129 页;马萨诸塞州沃尔瑟姆的布兰迪斯大学罗斯艺术博物馆允许使用:第 112 页;Friends of the

Schindler House，Schindler Family Collection 允许使用：第36页；© 维也纳阿诺德勋伯格中心（Arnold Schönberg Center Wien），维也纳阿诺德勋伯格中心允许使用：第40页（Florence Homolka）。

出版商允许重印约翰·凯奇的 *I-VI*，第258页，剑桥：哈佛大学出版社，© 1990 the President and Fellows of Harvard College：第10页。

凯奇评传

ISBN：978-7-5407-7423-3
2015 年 3 月　30.00 元
[美] 罗布·哈斯金斯 著；李静滢 译

沉　默

ISBN：978-7-5407-6671-9
2013 年 10 月　47.50 元
[美] 约翰·凯奇 著；李静滢 译

雅纳切克私信集

ISBN：978-7-5407-7245-1
2014 年 10 月　38.00 元
[捷] 莱奥什·雅纳切克 著；
庄加逊 编译

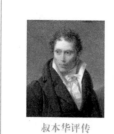

叔本华评传

ISBN：978-7-5407-7170-6
2015 年 5 月　30.00 元
[美] 彼得·路易斯 著；
沈占春 译　沙明 校

西蒙娜·薇依评传

ISBN：978-7-5407-7163-8
2014 年 9 月　29.00 元
[美] 帕拉·尤格拉 著；余东 译

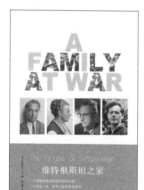

维特根斯坦之家

ISBN：978-7-5407-7244-4
2014 年 11 月　48.00 元
[英] 亚历山大·沃 著；钟远征 译

达利评传

ISBN：978-7-5407-7417-2
2015 年 3 月　28.00 元
[美] 玛丽·安·考斯 著；
李松阳 戴永沪 译

格特鲁德·斯坦因评传

ISBN：978-7-5407-7418-9
2015 年 5 月　33.00 元
[英] 露西·丹尼尔 著；王虹 马竞松 译

纳博科夫评传

ISBN：978-7-5407-7066-2
2014 年 5 月　28.00 元
[英] 芭芭拉·威利 著；李小均 译

童年时光

ISBN：978-7-5407-7376-2

2015 年 1 月　39.80 元

[南非] 纳丁·戈迪默 等著；姜向明 译

普鲁斯特评传

ISBN：978-7-5407-7168-3

2014 年 9 月　29.80 元

[英] 亚当·瓦特 著；辛苒 译

马尔克斯评传

ISBN：978-7-5407-6975-8

2014 年 5 月　29.80 元

[英] 史蒂芬·哈特 著；王虹 译

子午线图书馆
Meridian

人文名家 评传
Critical Lives

马尔克斯评传	Stephen M. Hart	王 虹 译
纳博科夫评传	Barbara Wyllie	李小均 译
普鲁斯特评传	Adam Watt	辛 苒 译
西蒙娜·薇依评传	Palle Yourgrau	余 东 译
叔本华评传	Peter B. Lewis	沈占春 译 沙明 校
达利评传	Mary Ann Caws	李松阳 戴永沪 译
▪ **凯奇评传**	Rob Haskins	李静滢 译
格特鲁德·斯坦因评传	Lucy Daniel	王 虹 马竞松 译